VIKTOR E. FRANKL

Sinn, Freiheit und Verantwortung

Sinn, Freiheit und Verantwortung

VIKTOR E. FRANKL

Vorwort von Prof. Dr. Tobias Esch

BELTZ

MIX
Papier | Fördert gute Waldnutzung
FSC® C089473

Dieses Buch ist erhältlich als:
ISBN 978-3-407-86770-4 Print
ISBN 978-3-407-86778-0 E-Book (EPUB)

3. Auflage 2025

Werderstraße 10, 69469 Weinheim
service@beltz.de

Übersetzung des Interviews »Man Alive«: Stefanie Schäfer
Lektorat: Carmen Kölz
Umschlaggestaltung: www.anjagrimmgestaltung.de
Bildnachweis: Blätter: © Helenaa / Shutterstock.com
Hintergrund: © Jr images / Shutterstock.com
Autorenfoto: © Viktor Frankl Archiv / brandstaetter images / picturedesk.com

Herstellung und Layout: Sarah Veith
Satz: Publikations Atelier, Dreieich
Druck und Bindung: Beltz Grafische Betriebe, Bad Langensalza
Beltz Grafische Betriebe ist ein Unternehmen mit finanziellem Klimabeitrag (ID 15985-2104-1001).
Printed in Germany

Weitere Informationen zu unseren Autor:innen und Titeln finden Sie unter: www.beltz.de

Inhalt

Vorwort von Prof. Dr. Tobias Esch

Seit vielen Jahrzehnten sind die Menschen von Viktor E. Frankl fasziniert. So auch ich. In den USA, wo ich für einige Jahre als Wissenschaftler arbeiten durfte, gelten seine Schriften als ein »Must Read«: Die *Library of Congress*, die öffentliche Bibliothek des Kongresses der Vereinigten Staaten (de facto die US-amerikanische Nationalbibliothek) listet sein Buch *Man's Search for Meaning* unter den zehn einflussreichsten Büchern der Geschichte. Wissenschaftler:innen und Akademiker:innen, Publizist:innen und Künstler:innen, Politiker:innen und Prominente, aber auch ganz gewöhnliche Menschen, nennen seine Bücher regelmäßig unter den wichtigsten, die ein Mensch im Laufe seines Lebens gelesen haben muss.

Gleiches mag künftig für dieses Buch gelten.

Viktor E. Frankl war eine Jahrhundertpersönlichkeit. Geboren 1905 in Wien hat der studierte Mediziner und spätere Nervenarzt sowie Professor der Wiener Universität (mit Gastprofessuren unter anderem an der Harvard University) praktisch das gesamte 20. Jahrhundert nachhaltig und vielschichtig geprägt, weit über die Medizin hinaus. Er hat dabei die dunklen wie auch die weniger dunklen Seiten seiner Zeit für sein persönliches Schaffen und Wirken sowie die Interpretation dessen bewältigt, was sein Lebenswerk werden sollte: Die Suche nach dem Sinn; danach, was uns wirklich Mensch sein lässt. Die Frage, wie Freiheit des Geistes und des Handelns selbst unter extremen Bedingungen fortbestehen können. Wie ein freier Wille und eine genuine Würde, inklusive der damit verbundenen Verantwortung – wie auch eine Konfrontation mit Leid und eigener Sterblichkeit – in inneres Wachstum und Sinnerleben transzendiert werden können.

Frankl bezeichnet uns Menschen als erfolgreiche »Vergänglichkeitsbewältiger«. Und bescheinigt uns bereits 1946 eine »planetare Verantwortung«. Er war seiner Zeit weit voraus – und wäre heute sicher ein meistbemühter Talkshow-Gast, Social-Media-Star oder Influencer.

Aufgewachsen in einem jüdischen Umfeld in Österreich hat Viktor E. Frankl später im Holocaust praktisch seine gesamte Familie verloren. Als er schließlich infolge der Befreiung, nachdem er in vier verschiedenen Konzentrationslagern der Nazis eingesessen hatte (darunter Theresienstadt und Auschwitz), wieder nach Wien zurückkehrte, war niemand da, um ihn zu empfangen. Alle Menschen, die ihm lieb gewesen waren, waren vergast oder zu Tode gefoltert worden, darunter seine Frau, seine Eltern und sein Bruder.

Wozu noch weiterleben?

Wie Frankl selbst beschrieb, beschloss er damals, sich *zunächst* noch nicht umzubringen. Zumindest wollte er sein erstes Buch – *Ärztliche Seelsorge*, das bereits vor dem Zweiten Weltkrieg entstanden und 1946 erschienen war – noch einmal »rekonstruieren«, das heißt seine Erfahrungen, die er gemacht hatte, erneut abgleichen. So entstand anschließend jenes epochale Werk, das im Deutschen den Titel *... trotzdem Ja zum Leben sagen* trägt. Anders, als die Geschichte erzählt wird – etwa, dass er sich die große Frage nach dem Sinn und der Suche des Menschen danach erst während seiner KZ-Inhaftierungen gestellt habe und damit sein Lebenswerk gewissermaßen durch den erlebten Horror aus ihm »herausgepresst« worden sei –, stellte Frankl später fest, dass alles bereits im Vorfeld von ihm erdacht und in großen Teilen schon verschriftlicht worden war. So hatte er sich selbst nach eigenen Worten zum *Proof of Concept* gemacht, zum lebenden Beweis: sein eigenes Leid – und sein Wachsen daran – sah er als eine Bestätigung seiner schon vor dem Holocaust verfassten Thesen an.

Frankls Werk – zeitlos aktuell, *andauernd* begeisternd

Die Texte dieses Buches sind einzigartig und faszinierend. Sie decken einen Zeitraum von 40 Jahren ab und erlauben einen guten Einblick in das Gesamtwerk Frankls. Sie ermöglichen darüber hinaus einen unmittelbaren Eindruck in sein ureigenes Denken, sein Wesen und seine Art, das eigene Erleben in Sinn zu verwandeln. Dabei ist frappierend, wie früh schon seine Thesen in ihrer Klarheit und Deutlichkeit formuliert wurden, sodass sie größtenteils über die Jahrzehnte stabil blieben, bis heute. Zwar vertieft, aber doch nicht grundsätzlich infrage gestellt.

Zugleich erfährt man beim Lesen dieses Buches – vielleicht mit großem Staunen, geradezu einem Erschrecken – *wie weit* Frankl seiner Zeit voraus war; oder aber, um die Perspektive zu wechseln, wie wenig wir Menschen uns seitdem weiterentwickelt zu haben scheinen. Anders ausgedrückt: Frankl erscheint heute aktueller und wichtiger denn je.

Bei den vier Texten, die diesem Buch zugrunde liegen, handelt es sich um einen Beitrag aus der *Wiener Medizinischen Wochenschrift* von 1955 (»Über kollektive Neurosen«), ein transkribiertes Interview aus dem kanadischen Fernsehen von 1977 (»Man Alive … Viktor Frankl«), einen Vortrag vom französisch-österreichischen Hochschultreffen von 1946 (»Die Existenzanalyse und die Probleme der Zeit«) sowie um einen Vortrag aus Dornbirn von 1984 (»Bewältigung der Vergänglichkeit«). Obwohl über Frankl schon viel geschrieben, berichtet und gesprochen wurde, enthalten die genannten Texte doch Überraschendes, Neues sowie spannende Bezüge zu brandaktuellen Forschungsfragen und transdisziplinären Wissenschaftsströmungen.

Frankl – noch immer top-modern. Mitunter atemberaubend.

Frankls Werk von heute aus betrachten

Drei Aspekte, die mich beim Lesen dieser vier Texte persönlich beschäftigt und begeistert haben und die auch die Zeitgemäßheit des Werkes von Viktor E. Frankl sowie seinen Bezug zur heutigen Wissenschaft besonders verdeutlichen, möchte ich an dieser Stelle herausstellen.

Erstens. Wie gehen wir mit unserer eigenen Sterblichkeit um? Wie können wir vor dem Hintergrund, dass der Tod unser Ende bedeutet, im drohenden Nichts also, in der unumgänglichen und endgültigen Leere, die uns umgibt und erwartet, dennoch Sinn finden?

In diesem Kontext klingt bei Frankl das Konzept der Eudaimonie an, das wir schon bei Aristoteles finden: Die Tatsache, dass der Mensch durch seine ureigene Lebensführung und das bloße Sein ein Lebenswerk schafft, welches bereits für sich einen Sinn ergibt. Anders gesagt: Dass wir mit zunehmender Lebenszeit einen immer größer werdenden »Lohn« als inneres Gefühl, etwa der Dankbarkeit und Erfüllung, erfahren dürfen. Als Neurowissenschaftler, basierend auf unserer eigenen Forschung, würde ich hier anfügen: Dass unser hirneigenes Belohnungssystem uns im Lebensverlauf immer stärker mit Gefühlen der Zufriedenheit und Glückseligkeit belohnt.

Frankl benutzt in diesem Kontext auch das Bild eines Heubodens oder Speichers, in den wir nach einem Jahreszyklus – in der Ernte*dank*zeit, letztlich im gesamten Lebensverlauf – die Erträge des Schaffens einfahren. Draußen sehen wir vielleicht nur das abgeerntete Feld und die trostlosen Stoppeln abgeschnittener Pflanzen, im Inneren jedoch herrscht Fülle. Frankl bringt hier die Idee einer erfolgreichen »Vergänglichkeitsbewältigung«. Menschen sind demnach Produzent:innen ihrer Vergangenheit: Das Leben kommt von vorne und geht durch uns hindurch, wir pflügen gewissermaßen beständig durch seinen Lauf, und so liegt nicht vorne der eigentliche Sinn, sondern um uns und hinter uns: das von uns Geschaffene – unsere Hinterlassenschaft – ist unsere bleibende Manifestation, die eigentliche Realisation von uns, die uns keiner mehr nehmen kann. In diesem Sinne sind wir durch das bloße Leben selbst Gewinner, durch es schaffen wir fortwährend Bedeutung und Sinn.

Dieses Konzept erinnert auch an den zeitgenössischen Philosophen Wilhelm Schmid, der eine Angst vor dem Tod, genauer: vor der Bedeutungslosigkeit und Leere, damit konterkariert, dass allein schon aus der Tatsache heraus, dass wir leben – dass wir aus den unendlichen Möglichkeiten des Lebens die eine ausgewählte sind – eine individuelle Bedeutung und Sinnhaftigkeit abgeleitet werden kann.

In unserem eigenen Modell der Neurobiologie des Glücks haben wir an dieser Stelle das sogenannte »Typ C-Glück« beschrieben: Eine tiefe Glückseligkeit und Zufriedenheit, jenes Gefühl des Ankommens oder Angekommen-Seins, des Nicht-mehr-Wollens oder -Müssens, das sich einstellt, wenn Menschen in Dankbarkeit und Verbundenheit auf ihr Leben blicken, verbunden mit sich selbst sowie mit künftigen Generationen. Wenn ein Vermächtnis oder »inneres Wissen« gespürt wird und man sich für dessen Bewahrung verantwortlich fühlt; wenn nicht mehr das Werden, sondern das Haben und Weitergeben im Mittelpunkt stehen. Dann mag innerer Frieden herrschen und auch die Leere oder das Nichts scheinen uns (fast) nichts mehr auszumachen.

Zweitens. Was genau verschafft uns Bedeutsamkeit und Sinn?

Frankl gibt uns hier drei Antworten, die von der aktuellen »Glücksforschung«, auch in unserem Labor, eindrucksvoll bestätigt werden: Der Mensch erfährt Sinn, wenn er eine Aufgabe oder Arbeit hat; wenn er lieben kann oder geliebt wird; wenn er durch Leidhaftigkeit vom Leben geprüft in der Krise über sich hinauswächst. Dabei verneint Frankl die Idee, dass erst durch Leid echter Sinn und tiefes Glück erfahren werden können. Keinesfalls solle man zu diesem Zweck das Leid erst suchen. Aber die bloße Tatsache, dass der Mensch »eine Tragödie in Triumph« verwandeln könne, mache uns zutiefst menschlich.

An dieser Stelle bemüht Frankl seine Idee der »Selbst-Transzendenz«: Über die Verantwortungsübernahme – für sich selbst, aber auch für planetare Zusammenhänge –, über die Fähigkeit, durch Schwierigkeiten gestärkt zu wachsen, gelingt es uns, stärker ein »Wir« anstelle eines »Ichs« zu empfinden – ein tiefes Eingebundensein zu erleben und sich tatsächlich zuständig zu fühlen, über räumliche, aber auch Generationengrenzen hinweg. Voraussetzung sei jedoch, dass das Selbst transzendiert würde, nicht als aufgeblähtes »Ich« im Wege stünde. Auch in unseren eigenen Forschungen mit Menschen, die nach einschneidenden Lebensereignissen etwa im Rollstuhl sitzen, die also ihren ursprünglich »gedachten« Lebensweg plötzlich nicht mehr fortsetzen können – und doch mitunter »posttraumatisch wachsen«, das heißt innerlich reifen und zuweilen sogar Glück, Freiheit, Dankbarkeit und tiefe Zufriedenheit erleben können –, finden wir frappierende Überschneidungen mit Frankls mehr beobachtenden Annahmen.

Drittens. Die Menschen leiden an einer »Zeitkrankheit«.

Bereits vor 70 Jahren stellt Frankl die Diagnose einer »Zeit-« oder »Managerkrankheit«. Diese entspricht dem, was wir heute Burn-out nennen würden (vormals auch als Nervenzusammenbruch bezeichnet). Dabei deutet er auf den Zeitgeist als wesentliche Quelle hin (inklusive dem, was wir heute Stress oder schlicht Überforderung nennen würden) sowie auf eine erlebte fehlende innere Passung – den Verlust von Kohärenz, Resonanz und Sinn im Inneren. Es sind also äußere und innere Faktoren, die hier ein ungutes Zusammenspiel treiben.

Unsere eigenen Untersuchungen, bei denen wir die Dimension der Bedeutsamkeit als zentrale Einheit dem einschlägigen Gesundheitsbegriff hinzufügen – ihm eine subjektive, semiotische Kategorie hinzugesellen –, decken sich mit dieser Idee. Wir selbst teilen diese Dimension noch in zwei Unterkategorien auf, die zum einen auf äußeren Faktoren

(Kultur, Heimat), zum anderen auf inneren Faktoren (Sinn, Spiritualität) beruhen. Zentrales Merkmal ist jedoch ein Gefühl der Verbundenheit, welches sich entweder auf ein übergeordnetes transzendentes »Da-Sein« oder aber eine lebendige Verankerung im Alltag bezieht. Mit anderen Worten: Man findet Heimat in sich selbst und/oder im konkreten Lebensumfeld (darin auch ein Gefühl der Verbundenheit mit etwas »Höherem«: der »letzten Wahrheit«, wie Frankl es nennt). Ist das *nicht* der Fall, fällt somit diese wichtige Gesundheitsressource weg, so können etwa Burn-out – oder auch Bore-out (krankhafte Langeweile) –, in jedem Fall eine »Neurose« nach Frankl, entstehen: spätestens wenn die Krise kommt, wenn schicksalhafte Lebensereignisse uns hart treffen.

Lassen Sie sich begeistern!

Viktor E. Frankl lehrt uns, stets offen und weit zu bleiben, nicht eng und verhärmt. Und dieses selbst in aussichtslosen Situationen, selbst dann, wenn uns himmelschreiendes Unrecht angetan wird. Oder wenn wir als Kollektiv versagen, wie etwa im Dritten Reich, oder angesichts der aktuellen planetaren Krise. Dabei lehnt er kollektive *Schuld* rigoros ab, betont stattdessen die individuelle und kollektive *Verantwortung*. Und er unterstreicht die Möglichkeit von Altruismus und Selbst-Transzendenz. Keinesfalls predigt er Passivität. Ganz im Gegenteil.

Der Mensch nach Frankl ist frei. Er kann und *muss* fortwährend Entscheidungen treffen. Und so ist auch die »Entscheidung zum Sinn« eine solche. Diese kann jederzeit getroffen werden, ohne Für und Wider. Ein Mensch, der so denkt und handelt, behält immer seine Würde und Selbstachtung. Und er demonstriert Ungebrochenheit und einen freien Willen. Dieser freie Wille, wie schon der berühmte William James schrieb, ist eine Intention, weniger ein Tun. Nach Frankl ist es der *Wille zum Sinn*.

Es geht weniger um eine aktive Suche als um das Sinn-*Haben*, um die Verantwortungsübernahme, auch zum Sinn. Das sagt auch die aktuelle Wissenschaft: Nicht der Mensch, der Sinn sucht, sondern der ihn erlebt und »hat«, ist der glücklichere (und übrigens auch der gesündere).

Ähnlich räumt Frankl mit einem, wie er es nennt, »Psychologismus« auf: Von einem Pathologisieren der Psyche hält er nicht viel, Psychoanalyse und Tiefenpsychologie kommen nicht gut weg. Er möchte uns im wahrsten Wortsinn be*geist*ern: Zwar mag es hilfreich sein, von der Seele zu sprechen und etwa gläubig oder religiös zu sein (er selbst glaubt an das »Absolute«), aber beides sind keinesfalls Voraussetzungen für Bedeutsamkeit und Sinnerleben. Mehr noch: Eine allzu eingreifende »Seelsorge« mag die geistigen Fähigkeiten des Menschen verkennen – die wunderbare »Trotzmacht des Geistes«.

Das Frankl-Jahrhundert dieses Buches beinhaltet das ganze Kaleidoskop unseres Menschseins. Und es scheint nicht vorbei. Damals wie heute standen Freiheit und Ohnmacht, Kollektiv und Individuum, Außen und Innen direkt und zuweilen unversöhnlich zueinander. Die Krisen unserer Zeit sind immens – es scheint dennoch wichtig, dass wir unsere Würde behalten. Und dass wir »trotzig« bleiben, *trotzdem Ja* sagen – und Verantwortung übernehmen.

Möge der großartige Viktor E. Frankl in diesem Sinne für uns alle lebendiges Vorbild sein!

Witten, im Frühling 2023
Prof. Dr. med. Tobias Esch

Prof. Dr. med. Tobias Esch ist Neurowissenschaftler, Gesundheitsforscher, Allgemeinmediziner und Bestsellerautor. Seit 2016 ist er Institutsleiter und Lehrstuhlinhaber für Integrative Gesundheitsversorgung und Gesundheitsförderung an der Universität Witten/Herdecke, davor u.a. Gastprofessor an der Harvard Medical School. Buchveröffentlichungen u.a. »Der Selbstheilungscode« und »Die bessere Hälfte« (mit Dr. med. Eckart von Hirschhausen).

Editorische Notiz des Verlags

Die in diesem Buch abgedruckten Vorträge und Texte Viktor E. Frankls stammen aus vier verschiedenen Jahrzehnten zwischen 1946 und 1984. Zusammengenommen entfalten sie Frankls Auffassung des Zusammenhangs von Freiheit, Lebenssinn und Verantwortung des Menschen.

Für die Neuausgabe wurden die Texte der neuen deutschen Rechtschreibung angepasst. Ebenfalls behutsam angepasst wurden einzelne Termini Frankls, die zum Zeitpunkt der Entstehung der Vorträge selbstverständlicher Bestandteil des allgemeinen und des medizinischen Wortschatzes waren, wie zum Beispiel Irrenanstalt oder Geisteskranker.

Sinnkrise und Zeitgeist

EINS

Editorische Notiz des Verlags

Den Text »Über kollektive Neurosen« hat Viktor E. Frankl 1955 als Vorstand der Neurologischen Abteilung der Allgemeinen Poliklinik der Stadt Wien in der *Wiener Medizinischen Wochenschrift* veröffentlicht.[1] Frankl beschreibt darin die allgemeine gesellschaftliche Verunsicherung und Angst sowie Ziel- und Inhaltslosigkeit des Daseins vieler Menschen, in deren Symptomen wie Fatalismus, Fanatismus, Flucht vor Freiheit und Verantwortung sich Parallelen zu heute zeigen.

Über kollektive Neurosen

In einem Brief an H. Blüher spricht Sigmund Freud im Jahre 1923 von »dieser aus den Fugen geratenen Zeit«. Aber auch heute noch ist viel die Rede von einer Zeitkrankheit, von einer Krankheit des Zeitgeistes, von einer *Pathologie des Zeitgeistes*[2]. *Sollte die Zeitkrankheit identisch sein mit dem, worum sich alle Psychotherapie bemüht, mit der Neurose? Sollte die Zeit an Nervosität erkrankt sein? Tatsächlich gibt es ein Buch – der Autor heißt F. C. Weinke –, das den Titel führt: Der nervöse Zustand, das Siechthum unserer Zeit.* Das Buch ist in Wien erschienen, und zwar bei J. G. Heubner im Jahre 53 – aber nicht 1953, sondern 1853. Siechtum wurde noch mit h geschrieben. Wir sehen, mit der Zeitgemäßheit der Neurose ist es nicht allzuweit her: Nicht nur unsere Zeitgenossen sind nervös!

Dass die *Neurosen* nicht zugenommen haben, sondern, was ihre Häufigkeit anbelangt, Jahrzehnte hindurch gleich geblieben sind, und unter den Neurosen die Angstneurosen sogar abgenommen haben, konnte Johannes Hirschmann[3] nachweisen. Nur das klinische Bild der Neurosen hat sich gewandelt, nur die Symptomatologie ist eine andere geworden, und sofern dem so ist, tritt die Angst eher zurück.

Aber nicht nur die neurotische Angst, sondern auch die Angst schlechthin hat nicht zugenommen. Freyhan hat darauf hingewiesen, dass frühere Zeiten, beispielsweise die Zeitalter der Sklaverei, der Religionskriege, der Hexenverbrennungen, der Völkerwanderungen oder der großen Epidemien – dass all diese »guten alten Zeiten« wohl auch nicht angstfreier waren als unsere Zeit. Ja, vermutlich hatten frühere Jahrhunderte sogar viel mehr Angst und auch viel mehr Grund zur Angst als unser Jahrhundert. Es zeigt sich, dass es mit unserer Epoche als »The Age of Anxiety« ebenfalls nicht allzu weit her ist.

Es kann also gar nicht die Rede davon sein, dass die Häufigkeit neurotischer Erkrankungen heutzutage zugenommen habe. Was allein zugenommen hat, ist vielmehr etwas anderes: das *psychotherapeutische Bedürfnis* der Massen, sich in ihrer seelisch-sittlich-geistigen Not an den Nervenarzt zu wenden. Aber hinter diesem psychotherapeutischen Bedürfnis steht wohl wieder etwas anderes, und zwar das alte und ewige metaphysische Bedürfnis des Menschen. Es ist selbstverständlich, dass in einem säkularisierten Säkulum auch die Seelsorge säkularisiert wird. Heute kommen die Leute zum Psychiater mit Anliegen, mit denen sie früher zum Priester gegangen wären und auch heute noch zum Priester gehören würden. Nur umso weniger darf der Arzt, der solcherart in die Zwangslage versetzt wird, so etwas wie *ärztliche Seelsorge* zu leisten, dem Patienten mit Ratschlägen kommen, die er vom Priester zu hören bekommen hätte.

Dass der Prozentsatz der endogenen *Psychosen* erstaunlich konstant bleibt, ist bekannt. Was Schwankungen unterliegt, ist einzig und allein die Zahl der Anstaltsaufnahmen. Das hat aber auch seine guten Gründe. Wenn zum Beispiel an der Wiener Nervenheilanstalt am Steinhof im Jahre 1931 mit über 5000 Aufnahmen die Höchstzahl (in mehr als 40 Jahren) erreicht wurde, wo hingegen im Jahre 1942 mit beiläufig 2000 Aufnahmen der tiefste Stand, so ist dies sehr leicht zu erklären: In den Dreißigerjahren, zur Zeit der Weltwirtschaftskrise, wurden die Patienten von ihren Angehörigen aus begreiflichen wirtschaftlichen Erwägungen heraus möglichst lange in der Anstalt belassen, ja die Patienten selber waren vielfach froh, dort ein Dach über dem Kopf und was Warmes im Magen zu haben. Anders in den ersten Vierzigerjahren: Aus ebenso begreiflicher, begründeter Furcht vor dem Euthanasiertwerden wurden die Kranken möglichst bald nach Hause geholt beziehungsweise möglichst früh entlassen – oder aber womöglich gar nicht erst in geschlossene Anstaltspflege gegeben.

Nicht nur das klinische Bild der Neurosen hat sich gewandelt und nicht nur ihre Symptomatologie ist eine andere geworden. Sondern Ähnliches sehen wir auch bei den Psychosen (Heinrich Kranz[4]): So hat sich gezeigt, dass die melancholisch erkrankten Menschen heutzutage seltener daran leiden, dass sie sich schuldig fühlen, im Besonderen vor Gott schuldig. Sondern im Vordergrund steht die Sorge um den Arbeitsplatz und die Arbeitsfähigkeit: Diese sind die Themen der heutigen Melancholie (A. v. Orelli[5]) – vermutlich aber nur deshalb, weil sie – nicht Gott und Schuld, sondern Gesundheit und Arbeit – die Anliegen des heutigen Durchschnittsmenschen sind.

Auch die *Selbstmorde* haben nicht nennenswert zugenommen. Soweit die Selbstmordkurve überhaupt Schwankungen zeigt, flaut sie in Zeiten wirtschaftlichen Elends, aber auch zur Zeit politischer Krisen ab. Diese Tatsache – auf welche etwa die Forscher Durkheim und Höffding hingewiesen haben – hat sich jüngst bestätigt: Nicht nur, dass seit Jahrzehnten die Schweiz und Schweden den europäischen Rekord an Selbstmordhäufigkeit aufweisen – also ausgerechnet jene Länder, die sich der längsten Friedenszeiten erfreuen durften –, nicht nur das; sondern es wurde bekannt, dass in Norddeutschland die Selbstmordziffer seit 1946 niedriger ist als in der Wilhelminischen Ära. Und einer anderen Statistik, veröffentlicht durch G. Zigeuner, ist zu entnehmen, dass in Graz beziehungsweise in der Steiermark die Selbstmordkurve in den Jahren 1946 bis 1947 einen Tiefstand aufwies – also just zu einer Zeit besonderer Senkung des Lebensstandards der Bevölkerung.

»Die Erfahrung zweier Weltkriege«, sagt Johannes Hirschmann,[6] »hat gezeigt, dass unter den außergewöhnlichen Belastungen von Strapazen und Kampf die Zahl der psychisch Kranken, speziell der Schizophrenen, nicht zunahm. Gemessen an dem von uns bearbeiteten Untersuchungsgut dürfte dies auch für die chronischen Neurosen zutreffen – soweit es sich um neurotische Störungen handelt, die im Rahmen eines Rentenverfahrens aufgedeckt werden konnten. Abgesehen von akuten Angst- und Schrecksyndromen kann den besonderen Umweltfaktoren, die in schweren Krisenzeiten wirksam sind, eine spezifisch neurosebildende Wirkung im

Ganzen gesehen nicht zuerkannt werden. Wäre dies der Fall, müsste die Neuroseziffer einen deutlichen und messbaren Anstieg erfahren haben. Das Beispiel des Gefangenenlagers ließe sogar vermuten, dass Zwang, Bedrohung, Unfreiheit, brutale Gewalt eher geeignet sind, die Entwicklung von Neurosen zu hemmen. Solchen Umweltfaktoren, wie materielle Notlage, Mangel an den primitivsten Lebensgütern, Verlust der Existenzgrundlage, Flüchtlingselend, Entwurzelung, kann keine entscheidende Bedeutung an dem Zustandekommen von Neurosen zugemessen werden.« Auch H. Schulte[7] spricht von der »als Begleiterscheinung aller soziologischen Notstände ganz allgemein bekannten geringeren Häufigkeit von Ehescheidungen, von Selbstmorden, Suchtleiden und behandlungsbedürftigen Neurosen«. Analoge Hinweise finden sich bei E. Menninger-Lerchenthal[8] hinsichtlich der Selbstmorde in politisch erregten Zeiten. Meiner Ansicht nach ist es wohl am besten durch ein Gleichnis zu erklären: Ich habe mir einmal sagen lassen, dass ein Gewölbe, das baufällig geworden ist, dadurch gestützt und gefestigt werden kann – parodoxerweise dadurch –, dass man es belastet. Nicht unähnlich ergeht es dem Menschen: Mit den äußeren Schwierigkeiten wächst anscheinend seine innere Widerstandskraft.

Was die Ätiologie der Zeitkrankheit anbelangt, wird behauptet, es sei das *Tempo* unserer Tage, das den Menschen so krank mache. So hat denn niemand Geringerer als der bekannte Soziologe Hendrik de Man erklärt: »Das Tempo lässt sich nicht ungestraft über eine gewisse Grenze hinaus beschleunigen.« Nun, dass der Mensch eine Steigerung des Tempos etwa seiner maschinellen Fortbewegung nicht vertragen würde, dass er somit dem technischen Fortschritt nicht gewachsen sei – das ist keine neue, dafür aber eine falsche Prophezeiung. Als im vorigen Jahrhundert die ersten Eisenbahnen ausfuhren, haben es medizinische Kapazitäten für unmöglich gehalten, dass der Mensch die mit einer Eisenbahnfahrt verbundene Beschleunigung aushalten könne, ohne zu erkranken. Und bis vor wenigen Jahren noch hegte man Zweifel daran, ob es gesundheitlich möglich sei, im Flugzeug mit Überschallgeschwindigkeit zu fliegen. Wir sehen – das heißt: jetzt sehen wir es, jetzt, nachdem sich diese Prophezeiungen und Skeptizismen als falsch erwiesen haben –, wie recht Dostojewski hatte, als er einmal den Menschen als jenes Wesen definierte, das sich an alles gewöhnt. Als Ursache der Zeitkrankheit, überhaupt als Krankheitsursache kommt das zeitgenössische Tempo also keineswegs in Betracht. Ich möchte sogar zu behaupten wagen: Das beschleunigte Tempo des Lebens von heute stellt eher einen Selbstheilungsversuch dar – wenn auch einen missglückten Selbstheilungsversuch. Tatsächlich lässt sich das rasende Lebenstempo ohne Weiteres verstehen, wenn wir es als einen Versuch der Selbstbetäubung auffassen. Der Mensch ist auf der Flucht vor einer inneren Öde und Leere, und auf dieser Flucht stürzt er sich eben in einen Trubel. Janet hat bei jenen neurotischen Menschen, die er als Psychastheniker bezeichnet hat, ein von ihm so benanntes *sentiment de vide* beschrieben, will heißen, ein Gefühl der

Inhaltslosigkeit und Leere. Nun, dieses Leeregefühl gibt es auch in einem übertragenen Sinne, und zwar meine ich das Gefühl existenzieller Leere, das Gefühl der Ziel- und Inhaltslosigkeit des Daseins. Der Mensch von heute erlebt vielfach das, was sich vielleicht am treffendsten durch die Variation von ein paar Worten aus dem *Egmont* von Goethe kennzeichnen lässt: Kaum weiß er, woher er kam – geschweige denn, wohin es geht. Und man könnte hinzufügen: Je weniger er um ein Ziel seines Weges weiß, nur umso mehr beschleunigt er das Tempo, in dem er diesen Weg zurücklegt.

Das Gefühl der existenziellen Leere, das Gefühl der Ziel- und Inhaltslosigkeit des Daseins haben wir als *existenzielle Frustration* bezeichnet, als Unerfülltheit des uns zutiefst innewohnenden, eingeborenen *Willens zum Sinn*, von dem der Mensch letztlich und ursprünglich beseelt – um nicht zu sagen: begeistert – ist, von einer Sehnsucht nach möglichster Sinnerfüllung seines Daseins und demgemäß ringend um einen lebenswürdigen Lebensinhalt, seinem Leben diesen Sinn abringend. Diesen Willen zum Sinn haben wir dem Willen zur Macht gegenübergestellt, wie ihn etwa Adlers Individualpsychologie in Form des Geltungsstrebens nicht zu Unrecht so hervorkehrt. Und wir haben den Sinnwillen auch einem Zweiten gegenübergestellt, nämlich dem Willen zur Lust, von dessen letztgültiger Herrschaft in Form des Lustprinzips Freuds Psychoanalyse so sehr überzeugt ist. Und wir sehen, wie gerade dann und dort, wo der Wille zum Sinn leer ausgeht, weil unerfüllt bleibt, der Wille zur Lust dazu dient und herhalten muss, die existenzielle Unerfülltheit des Menschen zumindest für sein Bewusstsein zu betäuben und vor seinem Gewissen zu verbergen. Mit anderen Worten: Der Wille zur Lust tritt erst dann auf den Plan, wenn der Mensch mit seinem Willen zum Sinn leer ausgeht; dann fängt der Mensch überhaupt erst an, dem Lustprinzip der Psychoanalyse unterstellt zu sein. Nur in ein existenzielles Vakuum hinein wuchert die sexuelle Libido! Eine Enttäuschung des Menschen hinsichtlich seines ihm eingeborenen Ringens um einen lebenswürdigen Daseinssinn, eine solche existenzielle Enttäuschung wird vikariierend kompensiert durch eine sexuelle Betäubung, und es geschieht dies in all jenen Fällen, in denen ein Mensch in seinem Willen zum Sinn scheitert. Je mehr dann dieser sein Sinnanspruch ans Leben leer ausgeht, nur umso mehr wirft er sich dem Willen zur Lust in die Hände. (Dass nicht nur die Sexualität, sondern auch die *Kriminalität* der vikariierenden Kompensation einer existenziellen Frustration dient, geht aus einem Hinweis von Hedwig R. Farmer[9] hervor, die aus New York über die Zunahme der Verbrechen Jugendlicher berichtet, man habe das Gefühl, in einer Zwischenkriegsperiode zu leben (provisorische Daseinshaltung!). Dass die kriminellen Beispiele so gierig nachgeahmt werden, weise auf einen Mangel kollektiver Ideale in der »Sinnleere« (existenzielle Frustration!) hin. Dann erst kommt es zu so etwas wie dem, was die Psychoanalyse das Lustprinzip genannt hat, dann erst wird die Triebbefriedigung zum Mittel zum Zweck, und zwar zum Zwecke des Genusses, also zum Genussmittel; aber mehr als dies: Dann ist auch der Genuss selber und seinerseits längst schon ein bloßes Mittel zum Zweck geworden, nämlich zum Zwecke der Betäubung[10].

Der Mensch, der sinnorientiert und wertstrebig ist, wird triebdeterminiert und luststrebig. Das Negativ und Pendant seiner Luststrebigkeit ist die Wehleidigkeit, die dem *Medikamentenabusus* zugrunde liegt.

Das Nichts, vor dem sich der Mensch ängstigt, ist nicht nur außerhalb seiner, sondern auch mitten in ihm selbst. Und auch vor diesem inneren Nichts packt den Menschen die Furcht, und er ist aus Furcht vor sich selbst auf der Flucht vor sich selbst: Er ist auf der Flucht vor dem Alleinsein – denn Alleinsein heißt ja Allein-sein-Müssen mit sich selbst. Und wann ist er für gewöhnlich gezwungen, mit sich selbst allein zu bleiben? Wann immer das Geschäft und der Betrieb nachlässt oder gar aufhört. Also etwa im Weekend, am Sonntag. Einsamer Sonntag – so lautet der Titel eines berüchtigten schmachtenden Schlagers, berüchtigt ob der vielen Selbstmorde, die er zur Folge hatte und die ihm sicher nicht nur ein geschäftstüchtiger Musikverlag nachgesagt hat. Denn wir Nervenärzte kennen sehr gut ein Krankheitsbild, das wir als *Sonntagsneurose* bezeichnen. Es handelt sich hierbei um ein Gefühl der Öde und Leere, der Inhaltsleere und Sinnlosigkeit des Daseins, wie es gerade beim Stillstand wochentägiger Betriebsamkeit im Menschen aufbricht und zutage tritt. (Vergleiche die Feststellung eines Hamburger Sozialinstituts, dass 58 Prozent der befragten Jugendlichen in ihrer *Freizeit* »mit sich nichts anzufangen wissen«, in welcher Zahl die Sportfanatiker noch nicht einmal enthalten seien, die sicher weitere 30 Prozent stellen; der Rest bevorzuge ebenfalls kollektive Veranstaltungen. Eine andere Erhebung soll ergeben haben, dass 43,6 Prozent aller Kinobesucher der Welt nur deshalb ins Kino gehen, weil sie »mit ihrer Zeit nichts anzufangen wissen«.)

Dass die existenzielle Frustration im Allgemeinen, aber im Besonderen die sogenannte Sonntagsneurose mit dem Tod, nämlich dem Freitod, mit einem Selbstmord enden kann – hat H. Plügge zu zeigen vermocht, der anhand von 50 Selbstmordversuchen nachweisen konnte, dass sie letztlich und eigentlich weder auf Krankheit noch auf wirtschaftliche Not, weder auf berufliche noch auf andere Konflikte zurückzuführen waren, sondern erstaunlicherweise auf eines: auf maßlose Langeweile, also auf die Unerfülltheit menschlicher Sehnsucht, menschlichen Ringens um einen gültigen Lebensinhalt. Diese Langeweile kann tödlich sein.

Und so mag denn auch Karl Bednarik recht haben, wenn er einmal schreibt: »Aus dem Problem des materiellen Elends der Massen ist das Problem des Wohlstandes geworden, das Problem der Muße.« Im besonderen Zusammenhang mit dem Neurosenproblem jedoch hat Paul Polak[11] schon vor Jahren darauf hingewiesen, dass man sich nicht der Illusion hingeben möge, mit der Lösung der sozialen Fragen würden sich auch die neurotischen Erkrankungen von selbst geben. Das Gegenteil sei richtig: Erst wenn die sozialen Fragen gelöst sind, werden die existenziellen nur umso mehr aufbrechen im Bewusstsein des Menschen, »die Lösung der sozialen Frage würde die geistige Problematik erst eigentlich frei machen, sie erst eigentlich mobilisieren; der Mensch würde erst frei werden, sich selbst so richtig in Angriff zu nehmen, und würde das Problematische an sich selbst, seine eigene Daseinsproblematik, so richtig erst erkennen«.

Wie Werner Kollath nachweisen konnte, zeigt die Statistik, dass die Medizin der letzten Jahrzehnte in der Bekämpfung beispielsweise der Infektionskrankheiten, und zwar einschließlich der früher so verbreiteten und gefürchteten Tuberkulose, unerhörte Erfolge aufzuweisen hat, aber siehe da: Seit dem Jahre 1921 werden all diese Erfolge leider mehr als aufgewogen durch die Zunahme jener Erkrankungs- und Todesfälle, die im Gefolge fehlerhafter Ernährung sowie von Gewalteinwirkungen eintreten, vor allem aber als Folge von Verkehrsunfällen. An der Zunahme von Verkehrsunfällen trägt jedoch nicht das Tempo an sich, überhaupt nicht die Technik an sich die Hauptschuld, also nicht vielleicht die zunehmende Motorisierung, sondern der Geist, der sich der Technik bedient – der die Technik missbraucht. Es ist nicht richtig, dass es das Tempo sei, das den Menschen so krank mache, obwohl man angesichts einer Erscheinung wie der *Managerkrankheit* diesen Eindruck haben könnte. Die Managerkrankheit ist nicht technogen, sondern psychogen. Wie Joachim Bodamer[12] zeigen konnte, gilt das Auto heutzutage für den mitteleuropäischen Massenmenschen als schlechterdings das Kriterium des

Lebensstandards, und der Durchschnittsmensch rackert sich nicht selten nur aus Prestigegründen ab, nämlich, um sich ein Auto erwerben zu können. Und ich könnte mir vorstellen, dass ein erheblicher Prozentsatz jener Menschen, die im Sinne der Managerkrankheit erkranken und an ihr schließlich zugrunde gehen, von dieser Krankheit gar nicht befallen worden wären, wenn sie nicht aus dem Motiv der Repräsentation heraus den Ehrgeiz gehabt hätten, es zu einem eleganten Wagen zu bringen, mag dies auch auf Kosten der Gesundheit gehen. Mit einem Wort: Diese Menschen sterben durch ihr Auto unter Umständen, noch bevor sie es besitzen. Solch ein Ehrgeiz kann das eine oder andere Mal auch nach höher gesteckten Zielen greifen. So kennen wir einen ausländischen Patienten, der den typischsten Fall von Managerkrankheit darstellt, dem wir jemals begegneten. Hatte man den Mann untersucht, so lag auf der Hand, dass er sich zu Tode arbeitete. Die internistische Untersuchung hatte aber eben nur die Gefahr aufzuzeigen vermocht – nicht aber die eigentliche Krankheitsursache in diesem Falle. Die ließ sich erst aufhellen, sobald der Patient seelenärztlich perlustriert wurde. Da ergab sich nämlich, warum er sich so sehr in seine Arbeit gestürzt und überarbeitet hatte. Zwar war er reich genug – er besaß sogar ein Privatflugzeug; aber das war es auch: Er gestand, dass er nunmehr alles daransetzte, um sich anstelle dieses gewöhnlichen Flugzeuges ein Düsenflugzeug leisten zu können.

Eine Unausgefülltheit hinsichtlich eines Daseinssinnes, der das Leben erst lebenswert zu machen vermöchte – eine

Unausgefülltheit, die wir als existenzielle Frustration bezeichnet haben –, ließe sich in gewissem Sinne auch als *Mrs. Manager's Disease* bezeichnen. Denn so, wie die sogenannten Manager zu wenig Zeit haben, als dass sie zur Ruhe und zu sich kommen könnten, so haben ihre Frauen vielfach zu viel Zeit und wissen mit dieser vielen Zeit zu wenig anzufangen – und am allerwenigsten wissen sie, mit sich selbst etwas anzufangen.

Wir[13] haben die Neurose *sensu strictiori* als eine psychogene Erkrankung definiert. Neben dieser Neurose im engeren Sinne des Wortes kennen wir Neurosen im weiteren Wortsinn, beispielsweise somatogene, noogene und soziogene (Pseudo-)Neurosen. Bei alledem haben wir es mit Neurosen im klinischen Sinne zu tun. Aber es gibt auch Neurosen in einem metaklinischen und Neurosen in einem paraklinischen Sinne. Zu Letzteren nun gehören die kollektiven Neurosen. Sie sind Quasi-Neurosen, Neurosen im übertragenen Sinne. Haben wir doch gesehen, dass von einer Zunahme der Neurosen im klinischen Sinne nicht die Rede sein kann. *Das heißt, die klinischen Neurosen haben nicht dermaßen zugenommen, dass sie kollektiv geworden sind.* Sofern wir jedoch im paraklinischen Sinne von kollektiven Neurosen zu sprechen berechtigt sind, zeichnet sich unserer Erfahrung nach die kollektive Neurose der Gegenwart durch vier Symptome aus:

1. *Provisorische Daseinshaltung.* Der Mensch von heute ist gewöhnt, in den Tag hinein zu leben. Er hat es im letzten Weltkrieg gelernt, da konnte er ja nur von einem Tag auf den

anderen leben, wusste er doch niemals, ob er den nächsten Tag überhaupt noch erleben werde. Aber der Mensch, der provisorisch dahinlebt, merkt nicht, was er alles dabei versäumt – dass er dabei alles versäumt. Er vergisst, wie sehr Bismarck recht hatte, als er einmal sagte: Im Leben ergeht es einem so wie beim Zahnarzt. Immer glaubt man, das Eigentliche kommt erst, und inzwischen ist es schon vorbei. Nun, die provisorische Daseinshaltung, die wir dem Krieg verdanken, sind wir noch nicht los; nach wie vor ist der Mensch von heute durch sie beherrscht, ja, es bemächtigt sich seiner eine – ich möchte sagen: *Mitte-des-Jahrhunderts-Stimmung*, deren hervorstechendstes Kennzeichen eine Art *Atombombenphobie* ist. Der Mensch von heute lebt anscheinend überhaupt nur noch im Hinblick, in ständigem Hinschielen auf die künftige Atombombe. So gab es vor Kurzem in einem Wiener Rundfunksender eine Publikumsdiskussion, und eine Frau aus dem Volke stand auf und machte wörtlich folgende Bemerkung: »Solange die Atombombe droht, ist es unverantwortlich, Kinder in die Welt zu setzen.« Der Mensch von heute erwartet die Atombombe ängstlich. Und so schlittert er in die Einstellung hinein: Après moi (nicht le déluge, sondern) la bombe atomique. Aber so wie jede Erwartungsangst, so ist auch die *Atombombenerwartungsangst* verhängnisvoll, denn so wie jede Furcht, droht auch sie gerade das, was sie fürchtet, zu verwirklichen.

2. Das zweite Symptom innerhalb einer Pathologie des Zeitgeistes wäre die *fatalistische Lebenseinstellung*. Sagt sich

der provisorisch Eingestellte, es sei nicht nötig, zu handeln und sein Schicksal in die Hand zu nehmen, so sagt sich der fatalistisch Eingestellte: Es ist dies gar nicht möglich. Wieder war es der Krieg, war es im Besonderen das Militär, bei dem der Mensch es gelernt hat, es hat erlernen müssen, sich treiben zu lassen, sich schieben zu lassen, wie solche Menschen sich selbst auszudrücken pflegen. Sie lassen sich nicht nur schieben: Sie schieben auch selbst – nämlich die Schuld an ihrem Versagen schieben sie auf dies oder jenes, auf innere Zustände oder äußere Umstände. Der durchschnittliche Mensch von heute ist besessen von einem Aberglauben an die verschiedensten Schicksalsmächte, und der zeitgenössische Nihilismus nährt nur noch diesen Schicksalsglauben. In Form der drei großen *Homunculismen*, des Biologismus, des Psychologismus und des Soziologismus, wird dem Menschen eingeredet, er sei – je nachdem – bloßer Reflexautomat, bloßer Triebapparat, bloßes Produkt aus Blut und Boden, Erbe und Umwelt oder dergleichen, auf jeden Fall unfrei und unverantwortlich. Entweder er gibt der gesellschaftlichen Lage, in der er sich befindet, die Schuld oder aber den seelisch-leiblichen Anlagen, die er besitzt. Was im Besonderen das Seelische anlangt, so dürfen wir uns nicht verhehlen, dass die Psychoanalyse diesem fatalistischen Zug des heutigen Menschen nicht selten in die Hände arbeitet. Zumindest die vulgär interpretierte Psychoanalyse ist Wasser auf die Mühle des neurotischen Fatalismus. Der fatalistisch Eingestellte redet sich aus auf die Triebe, auf das Unbewusste und auf das Es.

Im Dienst dieses Fatalismus missbraucht und missdeutet er die Psychoanalyse: »Das Ich ist nicht Herr im eigenen Haus« und »der Mensch ist ein Wesen von schwacher Intelligenz, das von seinen Triebwünschen beherrscht wird«, diese Zitate von Sigmund Freud liefern dem neurotischen Fatalismus nur Argumente. Diese Vulgärpsychoanalyse ist selber und ihrerseits vom Nihilismus infiziert worden; sie ist zum *Krankheitsgewinn der kollektiven Neurose* geworden. In Amerika, wo die Popularisierung der Psychoanalyse Ausmaße angenommen hat, von denen sich der Mitteleuropäer kaum einen Begriff machen kann, zeigen sich bereits die Schattenseiten. Wir müssen bedenken, dass »die Behandlung beim Psychoanalytiker heute in den Vereinigten Staaten fast zum guten Ton gehört«[14]. »Je mehr sich die Analyse verbreitet und ihre Grundbegriffe Allgemeingut werden«, sagt Emil A. Gutheil (New York)[15], »umso misstrauischer darf man bezüglich der sogenannten ›freien‹ Assoziationen sein. Heutzutage kann man nur wenigen Patienten trauen, dass ihre Assoziationen wirklich spontan erfolgen. Die meisten Assoziationen, die der Patient in einer längeren Behandlung produziert, sind alles eher als ›frei‹; vielfach sind sie darauf berechnet, dem Analytiker bestimmte Ideen zu übermitteln, von denen der Patient annimmt, dass sie dem Analytiker willkommen sein werden. Dies erklärt den Umstand, dass man in von gewissen Analytikern veröffentlichten Krankenberichten so viel Material findet, das die Ideen des Therapeuten zu bestätigen scheint. Die Patienten von Adlerianern haben anscheinend nur Machtprobleme, und ihre Konflikte scheinen ausschließlich durch ihren Ehrgeiz, ihr Streben nach Überlegenheit und dergleichen bedingt zu sein. Die Patienten von Anhängern Jungs überfluten ihre Ärzte mit Archetypen und allerhand anagogischen Symbolismen. Die Freudianer hören den Kastrationskomplex, das Trauma der Geburt und Ähnliches von Patienten bestätigt. Nur wenige Einfälle des Patienten sind nicht im Voraus durchdacht und verfälscht.« Der amerikanische Psychiater G. R. Forrer[16] erwähnt beispielsweise den Fall einer Dame, die einen drei Jahre alten Sohn hatte, in dessen Gegenwart keine Schere gebraucht werden durfte, »weil kleine Knaben sich davor fürchten, kastriert zu werden«. W. G. Eliasberg (New York)[17] stellt die Gewissensfrage, »ob wir nicht vielleicht zu viel Psychologie haben. Gemeint ist natürlich Psychologismus. Etwas von diesem Psychologismus macht sich in Amerika breit, nämlich das Suchen von Komplexen, Trieben, Emotionen und Interessen hinter allem und jedem Menschlichen.« H. Schulte[18] spricht von den »Widerständen des heutigen Europäers gegen die Ansprüche eines allzu umfassenden psychoanalytischen Weltbildes, das ihm von jenseits des Ozeans vorgehalten wird«. Aber nicht nur die Psychoanalyse von Freud, sondern auch die sich selbst so nennende Schicksalsanalyse von Szondi arbeitet dem zeitgenössischen Fatalismus in die Hände. Sie behauptet praktisch nicht mehr und nicht weniger, als dass das Schicksal des Menschen in den Genen geschrieben steht. Szondi selbst bezeichnet seine Lehre wenn auch als gelenkten, so doch als

Fatalismus. Heute steht das Schicksal also nicht wie früher einmal »in den Sternen geschrieben«, sondern in den Genen. Aber auch in den wirklichen Sternen steht es nach wie vor wenn schon nicht geschrieben, so doch – gedruckt: Wovon sich jeder überzeugen kann, sobald er eine Tageszeitung oder ein Wochenblatt aufschlägt … Immerhin ergab die Erhebung eines Gallup-Institutes, dass nur 45 Prozent österreichischer Frauen nicht »an eine astrologische Verbundenheit ihres Lebens mit dem Stand der Sterne glauben«.

3. *Kollektivistisches Denken.* Verabsäumt es der Mensch im Sinne dieser beiden Daseinshaltungen, der provisorischen wie der fatalistischen, die Situation zu ergreifen, so zeigt sich bei den zwei weiteren Symptomen einer Pathologie des Zeitgeistes, dass er es kaum mehr vermag, die Person zu erfassen, will heißen sich selbst und den andern qua Person. Er möchte so gerne ja nur nicht auffallen, er möchte in der Masse untertauchen, er möchte in ihr aufgehen. In Wirklichkeit geht er in ihr unter, gibt er sich auf, nämlich als freies und verantwortliches Wesen. Dass wir hier nicht von Gemeinschaft, sondern nur von Masse sprechen, ist selbstverständlich. Die Gemeinschaft bedarf sehr wohl einzelner Persönlichkeiten – wie denn auch umgekehrt jede Persönlichkeit der Gemeinschaft bedarf, um in deren Rahmen sich selber erfüllen zu können, also um ganz Person sein zu dürfen. Ganz anders steht es jedoch um die Masse: In der Masse kann keine menschliche Persönlichkeit jemals so recht zur Geltung kommen und sich entfalten. Aber auch die Masse verzichtet gerne auf die Persönlich-

keit, ja durch die Persönlichkeit wird die Masse eigentlich nur gestört. Darum bekämpft die Masse Persönlichkeiten, unterdrückt sie, beraubt sie die Persönlichkeiten ihrer Freiheit, beschneidet sie diese Freiheit zugunsten einer Gleichheit. Was aber wird jeweils aus dem Dritten, an das wir in diesem Zusammenhang zu denken pflegen: Was wird aus der Brüderlichkeit? Nun, die degeneriert, sie entartet zum bloßen Herdeninstinkt.

4. *Fanatismus.* Ignoriert der kollektivistisch Eingestellte seine eigene Persönlichkeit, so der Fanatiker die des anderen, des anders Denkenden. Er lässt ihn nicht gelten, für ihn gilt nur seine eigene Meinung, aber in Wirklichkeit hat er keine eigene Meinung, sondern nur die sogenannte öffentliche Meinung, und die hat eigentlich nicht er, sondern sie hat ihn. Der Fanatismus neigt dazu, den fanatischen Menschen zu verpolitisieren, während gerade das Gegenteil so notwendig wäre, dass nämlich nicht der Mensch verpolitisiert, sondern die Politik vermenschlicht werde. Demgegenüber tut der Fanatiker so, als ob die Politik, wenn ich so sagen darf, ein Lösungsmittel wäre für alle Probleme; aber die Politik kann schon deshalb nicht ein Heilmittel für alles sein, weil sie vielfach selber ein Krankheitszeichen ist. Die öffentliche Meinung, von der vorhin die Rede war, kristallisiert sich aus in Form von Phrasen und Schlagworten. Einmal in die Masse geworfen, lösen sie eine psychologische Kettenreaktion aus, die weitaus gefährlicher ist als jene physikalische Kettenreaktion, die dem Mechanismus der Atombombe zugrunde liegt.

Denn dieser Mechanismus könnte niemals ablaufen, wenn ihm die psychologische Kettenreaktion nicht vorangegangen wäre. Und so verstehen wir denn auch, wie recht Karl Kraus hatte mit seinem Wort: »Wenn die Menschheit keine Phrasen hätte, brauchte sie keine Waffen.« Was im Besonderen die Atombombenwaffe anbelangt, so hat Einstein den Nagel auf den Kopf getroffen: »Das Problem ist nicht die Atombombe – das Problem ist das Herz des Menschen.« Sofern man von der eben gekennzeichneten Pathologie des Zeitgeistes als von einer psychischen Epidemie sprechen darf, darf eines nicht vergessen werden: Somatische Epidemien sind typische Kriegsfolgen, psychische Epidemien jedoch gleichzeitig mögliche Kriegsursachen.

Fragen wir uns nun, wie sehr diese kollektiv-neurotischen Symptome verbreitet sind. Ich habe diesbezüglich meine Mitarbeiter veranlasst, eine Stichprobe zu machen an im streng klinischen Sinne nicht neurotischen Personen, indem Letzteren Testfragen vorgelegt wurden. Und zwar lautete die Testfrage auf Symptom 1, also auf provisorische Daseinshaltung: »Sind Sie der Ansicht, dass es eigentlich nicht dafür steht, zu handeln und das Schicksal in die Hand zu nehmen, wo doch schließlich die Atombombe platzt und alles sinnlos ist?« Die Testfrage auf Symptom 2, also auf fatalistische Lebenseinstellung, lautete: »Glauben Sie, dass der Mensch letzten Endes nichts anderes ist als ein Spielball äußerer und innerer Kräfte und Mächte?« Die Testfrage auf kollektivistisches Denken lautete: »Glauben Sie, dass es das Wichtigste ist, nur nicht aufzufallen?« Und schließlich die, ich muss schon sagen Fangfrage auf Fanatismus: »Sind Sie der Ansicht, dass ein Mensch, der das Beste will, auch berechtigt ist, jedes Mittel anzuwenden, das ihm tauglich erscheint?« Tatsächlich ist unseres Erachtens nichts so kennzeichnend für den Fanatiker wie gerade der Umstand, dass für ihn alles zu einem bloßen Mittel zum Zweck wird. Seine Ansicht geht dahin, dass der Zweck die Mittel heilige. In Wirklichkeit ist es wohl so, dass es umgekehrt auch *Mittel gibt, die den heiligsten Zweck zu entweihen vermöchten*. Durch diesen Test konnten meine Mitarbeiter feststellen, dass von all den Untersuchten nur ein Einziger wirklich frei war von allen vier Symptomen der kollektiven Neurose, während nicht weniger als die Hälfte der untersuchten Personen mindestens 3 von den 4 Symptomen aufwiesen. Dieses Ergebnis unserer Stichprobe zeigt, *dass Personen, die klinisch nicht neurotisch sind, kollektiv neurotisch sein können*. Die Gegenprobe aufs Exempel sehen wir im Ergebnis psychiatrischer Untersuchungen, denen die Angeklagten des Kriegsverbrecherprozesses unterzogen wurden, wobei sie sich als klinisch gesund erwiesen.

Nun wissen wir, dass nicht nur ein seelischer, sondern auch ein sittlich-geistiger, beispielsweise ein Gewissenskonflikt zu einer Neurose führen kann. Wir bezeichnen sie als *noogene Neurose*. Es ist nun begreiflich, dass ein Mensch ebenso lange, wie er eines Gewissenskonfliktes überhaupt fähig ist, gegenüber dem Fanatismus, ja gegenüber der kollektiven Neurose gefeit sein wird. Umgekehrt wird jemand, der an einer kollektiven Neurose leidet, also beispielsweise ein politisch Fanatisierter, in dem Maße, in dem er wieder fähig wird, seine Gewissensstimme zu hören, ja unter ihr zu leiden, im gleichen Maße wird er auch instand gesetzt, seine kollektive Neurose zu überwinden.

Vor wenigen Jahren sprach ich über dieses Thema auf einem Ärztekongress, unter anderem vor Fachkollegen, die unter einem totalitären Regime leben. Nach dem Vortrag kamen sie auf mich zu und sagten: »Wir kennen das sehr gut, wovon Sie gesprochen haben, Herr Kollege; bei uns, müssen Sie wissen, heißt das die *Funktionärekrankheit*: So und so viel Parteifunktionäre brechen mit der Zeit unter der zunehmenden Belastung ihres Gewissens nervlich zusammen; dann aber sind sie von ihrem politischen Fanatismus geheilt.« Mit einem Wort: *Während eine Koexistenz von kollektiver Neurose und klinischer Gesundheit möglich ist, ist das Verhältnis von kollektiver Neurose und noogener Neurose umgekehrt proportional.*

Über all dies habe ich vor nicht langer Zeit auch im Ausland, in Übersee, zu sprechen Gelegenheit gehabt, und da hat man mich immer wieder gefragt: »Sagen Sie – gilt, was Sie sagen, nicht vielleicht nur von Europa?« Als man mir diese Frage das erste Mal vorlegte, improvisierte ich folgende Antwort: Mag sein, dass die Problematik der kollektiven Neurose in Europa aktueller ist, dass die Gefährdung des Europäers durch diese kollektive Neurose akuter ist; aber die Gefahr – die Gefahr des Nihilismus – ist eine planetarische und beschränkt sich keineswegs auf einen Kontinent. Alle vier Symptome der kollektiven Neurose – die provisorische Daseinshaltung und die fatalistische Lebenseinstellung, das kollektivistische Denken und der Fanatismus – lassen sich zurückführen auf Scheu vor der Verantwortung und Flucht vor der Freiheit. Freiheit und Verantwortlichkeit aber machen die Geistigkeit des Menschen aus. Der heutige Mensch aber ist geistesüberdrüssig, und dieser *Geistesüberdruss* ist eben das Wesen des zeitgenössischen Nihilismus. Gegenüber dieser nihilistischen Gefahr mag Europa so etwas wie ein Seismograf sein, der die Gefahr eines geistigen Erdbebens, geistiger Erschütterungen und Umwälzungen früher ablesen lässt; mag sein, dass der Europäer eine feinere Witterung besitzt für den geistigen Gifthauch des Nihilismus. Gerade dann aber kann er vielleicht früher und besser als der Nichteuropäer auch das Gegengift produzieren.

Wege der Sinnfindung

ZWEI

Editorische Notiz des Verlags

Der folgende Text »Man Alive – Viktor Frankl« ist das Transkript eines Fernsehinterviews, das die Canadian Broadcasting Corporation 1977 mit Frankl geführt hat; Moderator war Roy Bonisteel. Die deutsche Übersetzung für dieses Buch besorgte Stefanie Schäfer.[1] Darin entfaltet Viktor E. Frankl sehr anschaulich die Frage nach dem Sinn und welche Rolle im Hinblick auf seine KZ-Erfahrungen das Leiden dabei spielen kann, aber nicht muss, weil Leiden keine Bedingung für Sinn darstellt.

Man Alive – Viktor Frankl

Interviewer: Dr. Frankl, Sie haben während des Krieges drei Jahre in vier verschiedenen Konzentrationslagern verbracht. Können Sie mir beschreiben, wie Sie nach dieser Erfahrung einen Sinn im Leben gefunden haben, wie es Ihnen gelang, das Leben als lebenswert zu empfinden?

Frankl: Meine amerikanischen Verleger verbreiten gerne das Narrativ, ich sei mit einer neuen Richtung der Psychotherapie aus Auschwitz herausgekommen, mit einem neuen System und so weiter. Doch das stimmt nicht: Ich bin mit dem vollständigen Manuskript meines ersten Buches in meiner Tasche versteckt nach Auschwitz *hineingekommen*. Und in eben diesem Manuskript – das später in Amerika unter dem Titel *The Doctor and the Soul* (dt. *Ärztliche Seelsorge)* erschien – entwickelte ich die Idee von der unbedingten Sinnhaftigkeit des Lebens. Die Vorstellung, dass das Leben unter allen Bedingungen sinnvoll ist und bleibt, hatte ich daher schon *vor* meinen KZ-Erlebnissen. Ich könnte also sagen, dass mir diese Vorstellung, diese Überzeugung von der unbedingten Sinnhaftigkeit des Lebens, erhalten geblieben ist, sie hat die Lagererfahrung *überlebt*, sie ist immer noch eine Überzeugung, *trotz* des Leidens und all des Sterbens, das wir im Konzentrationslager erlebten. Das Konzentrationslager selbst diente damit quasi nur als Testfeld, um die Berechtigung meiner Überzeugung zu *bestätigen* – sozusagen durch Erfahrung und Experiment.

Interviewer: Es hat also Ihre Auffassung bestätigt. Aber Sie sind dort doch bestimmt Menschen begegnet, die offensichtlich keinen Sinn in ihrem Leben sahen, oder? Erzählen Sie mir von denen, die überlebten, und denen, die anders waren – inwiefern haben sie Ihre These bestätigt?

Frankl: Die Lektion, die man in Auschwitz und in anderen Konzentrationslagern lernen konnte, lautete letztlich: Diejenigen, die auf einen Sinn ausgerichtet waren, auf einen Sinn, der sich in der Zukunft für sie erfüllen sollte, hatten die größten Überlebenschancen. Das wurde im Nachhinein von amerikanischen Navy- und Army-Psychiatern bestätigt – in japanischen Kriegsgefangenenlagern, in nordkoreanischen Kriegsgefangenenlagern und kürzlich in nordvietnamesischen Kriegsgefangenenlagern. An der U.S. International University in San Diego, Kalifornien, traf ich letztes Jahr im Wintertrimester während meiner Tätigkeit an der Fakultät zufällig die drei amerikanischen Offiziere, die am längsten in nordvietnamesischen Kriegsgefangenenlagern interniert gewesen waren – bis zu etwa sieben Jahren. Sie bestätigten im Wesentlichen, was ich in meinem Bericht über die KZ-Erfahrung (*... trotzdem Ja zum Leben sagen)* geschrieben hatte: dass die Ausrichtung auf die Zukunft – auf eine Aufgabe, eine persönliche Aufgabe, die darauf wartete, in ihrer Zukunft erfüllt zu werden, oder auf einen anderen Menschen, den sie liebten und den sie in der Zukunft wiedersehen würden – das Entscheidende war, was diese Menschen aufrecht hielt. Es ging nicht ums reine Überleben, sondern es musste auch einen *Grund* für das Überleben geben. Die Frage war, *wofür* man überleben sollte; wenn es nicht *etwas* oder *jemanden* gab, ein persönliches Anliegen, um dessentwillen man überleben wollte, war ein Überleben *kaum* möglich.

Interviewer: Die meisten von uns haben nie ein Konzentrationslager erfahren. Wir waren nie gezwungen, diesen Horror und diese Tragödie durchzumachen, und deshalb sollte man meinen, dass es heute leichter wäre, einen Sinn im Leben zu finden – und doch habe ich das Gefühl, dass es in gewisser Weise schwieriger ist als früher, oder was meinen Sie?

Frankl: Da haben Sie absolut recht.

Interviewer: Warum ist das so?

Frankl: Weil wir in einer Gesellschaft leben – entweder in einer Wohlstandsgesellschaft oder einem Wohlfahrtsstaat, wie wir ihn in Österreich haben, wie auch immer –, jedenfalls befriedigen diese Arten von Gesellschaften praktisch jedes menschliche Bedürfnis oder sind zumindest darauf ausgerichtet, es zu befriedigen, bis auf ein Bedürfnis – das grundlegendste und fundamentalste Bedürfnis des Menschen: das

Bedürfnis nach Sinn. Die Konsumgesellschaften *schaffen* sogar Bedürfnisse, aber das Bedürfnis nach Sinn – oder, wie ich es zu nennen pflege, der *Wille zum Sinn* – bleibt unerfüllt. Ich nenne es neuerdings *den ungehörten Ruf nach Sinn*.

Auf der einen Seite frustriert die Gesellschaft den Willen des Menschen zum Sinn, auf der anderen Seite vernachlässigt die Psychologie diese Tatsache. Wenn man sich die aktuellen Motivationstheorien ansieht, wird man kaum einen Hinweis darauf finden, was *das* fundamentalste und grundlegendste Streben des Menschen ist: weder nach Vergnügen noch Glück, weder nach Macht noch Prestige, sondern es ist *ursprünglich* und *grundsätzlich* sein Wunsch, einen Sinn in seinem Leben zu finden und zu erfüllen – oder besser gesagt: in jeder einzelnen Lebenssituation, mit der er konfrontiert ist. Und wenn es einen Sinn zu erfüllen gibt, wenn er sich dessen bewusst ist, wenn er sich eines solchen Sinns bewusst wird – dann ist er bereit, zu leiden, er ist bereit, Opfer zu bringen, er ist bereit, Spannungen, Stress und so weiter zu ertragen – ohne dass seine Gesundheit darunter leidet.

Wenn aber kein Sinn vorhanden, kein Sinn in Sicht ist, dann *nimmt* er sich das Leben. Vor Kurzem wurde ich mit der Statistik einer amerikanischen Universität konfrontiert, in der es um 60 Studierende ging, die versucht hatten, Suizid zu begehen.

Interviewer: Eine sehr hohe Zahl.

Frankl: Sie wurden anschließend psychologisch untersucht, und es stellte sich heraus, dass 85 Prozent als Grund für ihren Versuch die Tatsache nannten, dass sie keinen Sinn im Leben finden konnten. Dabei waren übrigens 93 Prozent von ihnen psychisch und physisch gesund, lebten in stabilen Familienverhältnissen, waren finanziell abgesichert, erfolgreich in Schule und Studium usw.

Interviewer: Das höre ich immer wieder. Ich verbringe viel Zeit mit jungen Menschen im Teenageralter und viele von ihnen sagen, dass sie sich einfach nur langweilen. Sie sind von der Schule gelangweilt, sie sind von ihren Eltern gelangweilt, sie sind vom Leben gelangweilt, und es fehlt an dem, was – ich schätze, Sie würden es den Sinn des Lebens nennen.

Frankl: Weder Eltern noch Lehrer wagen es, sie vor Herausforderungen zu stellen: bloß keine Spannungen erzeugen, Konflikte heraufbeschwören, sie unter Stress setzen. Aber sogar Hans Selye in Montreal, der Begründer der Stressforschung, hat vor Kurzem einen Aufsatz veröffentlicht, in dem er erklärt, Stress sei das Salz des Lebens, der Mensch *brauche* Spannungen – wobei ich etwas vorsichtiger sagen würde, was er braucht, ist *ein gesundes Maß an Spannung*. Nicht zu große Spannungen, nicht zu wenig Spannung, sondern eine gewisse Dosis, eine gesunde Dosis an Spannung, wie die, die in einem polaren Feld entsteht, in dem der eine Pol durch den Menschen repräsentiert wird und der andere Pol durch den einzigartigen und spezifischen Sinn, der auf ihn wartet, um von ihm erfüllt zu werden, und zwar ausschließlich von ihm.

Interviewer: Wir sollten uns also nicht zu sehr über all den Stress und die Ängste in unserem Leben aufregen. Wir sollten nicht ... na ja, nehmen wir an, ich käme zu Ihnen und würde sagen: »Herr Doktor, wie soll ich mit all den Ängsten und dem vielen Stress in meinem Leben umgehen?«

Frankl: Können Sie sich eine Situation vorstellen, die für einen Menschen *mehr* Stress bedeutet als Auschwitz? – Und doch *verschwanden* in Auschwitz praktisch alle neurotischen Symptome. Und die Selbstmordrate in Auschwitz und Dachau war erstaunlich niedrig, wie aus den vielen Studien zur Psychologie und Psychopathologie des Lagerlebens hervorgeht.

Auf der anderen Seite zeigte mir ein Lehrer im Wohlfahrtsstaat Österreich eine Liste mit Fragen, die seine Schüler ihm stellen durften, ohne Einschränkungen, ohne ihre Namen zu nennen, absolut anonym. Und das Spektrum der Fragen reichte von der Frage »Gibt es Leben auf anderen Planeten oder nicht?« bis hin zu Fragen über Drogensucht, sexuelle Probleme und so weiter. Und wissen Sie, was ganz oben auf der Liste stand, welches das *häufigste* Thema der Fragen war? Selbstmord! Unter Jugendlichen im Alter von 14 bis 15 Jahren, in einem Wohlfahrtsstaat wie Österreich – Selbstmord! Sie kannten so gut wie keinen Stress und hatten kaum Probleme, weil sie verwöhnt sind, niemand erlaubt sich, Ansprüche an sie zu stellen. Aber was junge Menschen brauchen, sind Ideale und Herausforderungen, persönliche Aufgaben und – ganz wesentlich – Vorbilder, persönliche Vorbilder; nicht die Feiglinge, die Angsthasen, die sich nicht trauen, etwas von ihnen zu verlangen, weil es zu Konflikten führen könnte, wenn man Ansprüche an sie stellt.

Interviewer: Ich habe letztes Jahr ein Interview mit dem Metropoliten von London, Anthony Bloom, geführt, und er hat genau das Gleiche gesagt wie Sie. Er war Arzt während des Krieges und er hat Überlebende der Konzentrationslager behandelt. Er hatte ein sehr hartes Leben. Und er sagte, der einzige Zeitpunkt in seinem Leben, in seinem persönlichen Leben, an dem er jemals über Selbstmord nachgedacht hat, war *später*, als er relativ wohlhabend wurde und alles hatte.

Frankl: Dieses Phänomen ist bekannt, ich habe es mit Tiefseefischen verglichen, die, wenn sie an die Meeresoberfläche gebracht werden, sozusagen deformiert werden. Das ist übrigens auch die größte Gefahr für Taucher: Sie müssen ganz langsam in eine Region mit weniger Druck aufsteigen.

Wie Neurologen und Psychiater wissen, ist es weniger riskant, Menschen zu überfordern, als sie zu unterfordern. Die Menschen werden heute nicht überfordert, sondern *unter*fordert.

Interviewer: Ich finde noch etwas anderes bemerkenswert. Bisher konnten wir in manchen der traditionellen Institutionen, die uns wichtig sind, stets einen Sinn finden, zum Beispiel in Kirche oder Familie. Diese Institutionen scheinen jedoch zunehmend an Bedeutung zu verlieren und in unserem Leben keine so große Rolle mehr zu spielen. Möglicherweise entsteht auch dadurch eine Sinnkrise.

Frankl: Sie haben in mehrfacher Hinsicht recht. Beginnen wir mit dem, was ich schon vor 30 Jahren beschrieben und vorausgesagt habe: dem Aufkommen – und inzwischen dem Vorhandensein – dessen, was ich als *existenzielles Vakuum* bezeichne; das Gefühl der Sinnlosigkeit, das Gefühl der Leere, ein Gefühl der Vergeblichkeit, das heute an die Stelle der Minderwertigkeitsgefühle tritt; die existenzielle Frustration, die heute den Platz der sexuellen Frustrationen einnimmt, im Gegensatz zu den Zeiten von Sigmund Freud. Diese Massenneurose, die Sinnlosigkeit, ist meiner Meinung nach hauptsächlich durch zwei Dinge zu erklären. Erstens wird dem Menschen im Gegensatz zum Tier nicht durch Triebe und Instinkte eingegeben, was er eben tun *muss*. Außerdem wird dem Menschen heute, im Gegensatz zu früher, nicht mehr durch Traditionen und Überlieferungen und allgemeingültige Werte vorgegeben, was er tun *soll*. Da er nun weder weiß, was er tun muss, noch, was er tun sollte, scheint er manchmal nicht mehr zu wissen, was er eigentlich tun *will*. Und was ist die Konsequenz? Entweder er möchte einfach das tun, was andere Menschen tun – das ist *Konformismus*; oder aber er tut nur das, was andere wollen, das er tut – und das ist *Totalitarismus*.

Dies ist der Ursprung des existenziellen Vakuums. Aber wissen Sie, nun, wo die Traditionen im Schwinden begriffen sind, wo sie bröckeln – nicht nur im Bereich der Religion, sondern ganz allgemein –, sind diejenigen, die von diesem Verlust der traditionellen Werte am meisten betroffen sind, natürlich die jungen Menschen. Und das lässt sich nachweisen. Es gibt vier Tests, logotherapeutische Tests, die von einigen meiner ehemaligen Studierenden entwickelt wurden. Mit ihnen kann man den Grad der Sinnorientierung messen, den Grad des Willens zum Sinn, der das Leben dominiert, und andererseits auch die existenzielle Frustration, die Frustration des Willens zum Sinn, das Gefühl der Sinnlosigkeit. Und es wurde in mehreren empirisch und statistisch fundierten Forschungsprojekten nachgewiesen, dass Jugendliche tatsächlich am *meisten* von dem Gefühl der Leere und Sinnlosigkeit betroffen sind.

Sie hatten also intuitiv recht, wie meine Studenten bewiesen haben.

Interviewer: Aber was unsere traditionellen Werte und die schwindende Bedeutung religiöser Institutionen angeht – kann man ohne den Glauben an Gott einen Sinn im Leben finden?

Frankl: Wie ich bereits gesagt habe, gibt es einen unbedingten Sinn des Lebens. Ich hatte noch keine Gelegenheit, das zu untermauern.

Interviewer: Fahren Sie fort.

Frankl: Dies ist meine persönliche Überzeugung. Aber vorausgreifend möchte ich sagen, dass jeder Mensch einen Sinn finden kann, auch ein nicht religiöser Mensch. Ich persönlich würde zugeben, dass es einfacher ist, einen Sinn im Leben zu finden, wenn man ein religiöser Mensch ist. Aber auf der anderen Seite muss ich hinzufügen, um es gleich zu betonen, dass man niemandem befehlen kann, an etwas zu glauben.

Interviewer: Ich verstehe.

Frankl: Der Glaube oder die Überzeugung muss in einem selbst wachsen – organisch. Man muss ihn wachsen lassen, und man sollte nicht zur Unterdrückung des Glaubens beitragen. Aber im Prinzip kann jede und jeder einen Sinn im Leben finden. Und das ist ebenfalls empirisch belegt. Ich habe zu Hause eine Liste mit 17 Autoren, die ihre Dissertationen zu diesem Thema geschrieben haben – darunter zufällig auch zwei von der Universität Ottawa. Und um noch einmal zusammenzufassen, was empirisch durch Tests und Statistiken bewiesen wurde und ich bereits gesagt habe: Jeder Mensch kann Sinn finden, unabhängig von seinem Alter, seinem Geschlecht, seinem Bildungsgrad, seinem IQ, seiner persönlichen Charakterstruktur oder seiner psychologischen Verfassung, ja sogar unabhängig von seinem Umfeld – denken Sie nur an Auschwitz, an Gefängnisse und an Menschen, die sehr erfolgreich sind und sich langweilen. Und schließlich hat sich herausgestellt, dass der Mensch im Prinzip unabhängig davon Sinn finden kann, ob er religiös ist oder nicht – und, *wenn* er religiös ist, unabhängig davon, welcher Konfession er angehört. Bemerkenswert daran ist, dass wir diese letzten von mir erwähnten Erkenntnisse Priestern verdanken, die an psychologischen Universitätsinstituten empirisch geforscht haben.

Interviewer: Lassen Sie uns kurz analysieren, wie wir diesen Sinn finden können. Sagen wir also, ich wäre ein durchschnittlicher Mensch, ich war nie im Konzentrationslager und bin daher nicht leidgeprüft. Ich lebe ein sehr bequemes Leben; vielleicht glaube ich nicht an Gott, vielleicht langweile ich mich in meinem Job, vielleicht langweile ich mich mit meiner Familie. Doch Sie sagen, dass ich trotzdem einen Sinn in meinem Leben finden kann und dass es wichtig für mich ist, ihn zu finden. Wo finde ich ihn? Woran soll ich mich festhalten? Ich könnte mir vorstellen, dass es in unserem Publikum einige gibt, die das auch durchmachen.

Frankl: Ich habe das schon oft gesagt und geschrieben: Es gibt quasi drei Hauptwege, die zur Sinnerfüllung führen. Der erste Weg, auf dem man zur Sinnfindung und Sinnerfüllung gelangen kann, ist durch Arbeit, durch das Erschaffen eines Werkes oder durch das Vollbringen einer Tat. Zweitens durch die Liebe, indem man einen Menschen in seiner Einzigartigkeit erfährt – denn das bedeutet lieben. Liebe ist mehr als nur Sex; ja, menschlicher Sex ist sogar mehr als nur Sex. Und zwar genau in dem Maße, in dem er als Verkörperung dient, ich würde sagen, als Ausdrucksform, als körperliche Ausdrucksform der eigenen Liebe, eines persönlichen Zusammenseins, des Erfassens eines anderen Menschen in seiner Einzigartigkeit. Die Einzigartigkeit eines anderen Menschen zu erfassen, ist gleichbedeutend mit, ist geradezu die Definition von Liebe. Wie auch immer, man kann sein Innenleben bereichern, indem man Erfahrungen sammelt – Kultur, Natur, Kunst oder was auch immer; durch Forschung, indem man etwas oder jemandem in seiner Einzigartigkeit begegnet – mit anderen Worten: durch Liebe. *Arbeit* und *Liebe* sind die Hauptstraßen, die zum Sinn führen.

Aber: Wenn es sein muss – wenn man mit einem Schicksal konfrontiert wird, das man nicht ändern kann, wenn man zum Beispiel mit einer unheilbaren Krankheit, mit einem inoperablen Krebs konfrontiert wird: *Auch dann* kann man einen Sinn finden. Vielleicht findet man sogar den tiefstmöglichen, den höchsten vorstellbaren Sinn, weil man dann die Gelegenheit erhält, das menschliche Potenzial in seiner besten Form zu bezeugen. Die menschlichste aller menschlichen Fähigkeiten, nämlich: *eine Tragödie in einen persönlichen Tri-*

umph zu verwandeln, sein Leid in eine menschliche Leistung zu verwandeln. Mit anderen Worten: Das Leben hat buchstäblich bis zum letzten Atemzug, bis zum letzten Moment, einen potenziellen Sinn. Sogar *in extremis* und *in ultimis*, wie es die Theologen ausdrücken würden. Das heißt: in extremen Lebenssituationen – man denke nur an Auschwitz – und bis zum letzten Augenblick. Lassen Sie mich nicht mehr und nicht weniger als den Titel des neuesten Buches von Elisabeth Kübler-Ross zitieren: *Death, The Final Stage of Growth* (dt: *Reif werden zum Tode*).

Das Leben ist also unter allen Umständen potenziell sinnvoll. Das *American Journal of Psychiatry* hat einmal eine Rezension über ein Buch von mir verfasst, und darin findet sich folgender Satz: »Dr. Frankls Botschaft ist der Glaube, der unbedingte Glaube an die unbedingte Sinnhaftigkeit des Lebens.« – Richtig, aber es ist mehr als nur der Glaube. Als ich 15 Jahre alt war, erschloss sich mir diese Perspektive, diese Einsicht, ganz intuitiv. In letzter Zeit wurde sie auf solider empirischer Grundlage bestätigt, durch die Faktorenanalyse von vielen Tausend Fragebögen, durch psychologische Untersuchungen von Probanden, durch die computergestützte Auswertung der Daten und so weiter. Es handelt sich also nicht um eine philosophische Frage, die einfach aus der Luft gegriffen ist. Das hier sind handfeste Fakten und *akute Probleme*, Probleme, die unseren Jugendlichen unter den Nägeln brennen.

Interviewer: Wir können also auf drei Arten Sinn finden: durch Arbeit, Liebe …

Frankl: … und potenziell auch im Leiden. Aber nur im Leiden, *wenn es sein muss* – nicht vergessen: Ich sagte »wenn es sein muss«. Unnötig sein Kreuz auf sich zu nehmen, unnötiges Leid zu ertragen – das hat keinen Sinn. Wenn man eine Situation ändern kann, dann muss man es tun. Wenn man einen Krebs operieren kann, muss man sich einer Operation unterziehen oder sie durchführen. Aber schließlich ist der Mensch ein sterbliches Geschöpf. Wir müssen sterben, und vor dem Sterben müssen wir unweigerlich manchmal leiden – das muss ich als Mediziner zugeben.

Es gibt also sicherlich niemanden, dem unveränderliche Situationen erspart bleiben. Das kann, für ein paar Monate vielleicht, Arbeitslosigkeit sein – und trotzdem behält das Leben einen Sinn. In den Dreißigerjahren, zur Zeit der Weltwirtschaftskrise, hatte ich viel mit Jugendlichen zu tun, die keine Arbeit fanden, und ich stellte fest: Nicht die Arbeitslosigkeit an sich lastete schwer auf ihren Seelen, sondern das Missverständnis, dem sie aufgesessen waren. Nämlich die irrige Meinung, dass keine Arbeit zu haben bedeutet, keinen Sinn zu haben, nutzlos zu sein! In dem Moment, in dem ich diese Jugendlichen dazu brachte, sich an irgendwelche Organisationen zu wenden, um zum Beispiel als freiwillige Helfer in Büchereien zu arbeiten, hatten sie einen Sinn, den sie erfüllen konnten – auch ohne einen Cent zu verdienen –, und die Depression war weg! Mit anderen Worten: Der Mensch lebt nicht vom Brot allein. Was die Arbeitslosen brauchen, ist nicht nur Sozialhilfe, sie brauchen einen Sinn – und einen Sinn kann man überall finden, in der kleinsten Hütte.

Auf der anderen Seite gibt es Leute, die Millionen, ja Milliarden besitzen, aber keinen Sinn im Leben finden und Suizid begehen. Mein damaliger Assistent während meiner Lehrtätigkeit in Harvard, Rolf von Eckartsberg, konnte in seiner Dissertation zeigen, dass manche Menschen 20 Jahre nach ihrem Harvard-Abschluss keinen Sinn in ihrem Leben sahen, obwohl sie eine steile Karriere gemacht hatten und sehr erfolgreich waren. Und auf der anderen Seite kann ich Ihnen bergeweise Briefe zeigen, die ich aus unerfindlichen Gründen immer wieder aus amerikanischen Gefängnissen erhalte, Briefe, in denen es heißt: Erst hier im Gefängnis, ein paar Hundert Meter vom elektrischen Stuhl entfernt, habe ich endlich einen Sinn in meinem Leben gefunden, erst hier! Ja, mehr noch – die Leute sagen: Ich bin glücklich, ich habe Frieden mit mir und meinem Leben geschlossen, hier im Gefängnis, unter diesen Bedingungen! Das zeigt, weshalb ich recht habe, wenn ich sage: Sinn kann man sogar unabhängig von der Umgebungssituation, von einer bestimmten Situation finden; es kommt auf einen selbst an.

Und es hängt davon ab, ob man einer Indoktrination ausgesetzt ist – egal ob an amerikanischen Universitäten oder auf Analytikersofas –, einer Indoktrination, die besagt, dass der Mensch nichts als ein Mechanismus sei, dass der Mensch nichts als das Ergebnis von Konditionierung oder psychodynamischen Prozessen sei, dass der Mensch nichts als ein Computer sei. Wenn man Menschen auf diese Weise indoktriniert, muss man sich nicht wundern, wenn ihnen jeglicher Enthusiasmus und Idealismus ausgetrieben wird. Vor Kurzem habe ich als Gastredner bei der Jahresversammlung des International PEN Club gesprochen, dem internationalen Club der Schriftsteller, Romanautoren, Dramatiker und Dichter. Und ich beschwor diese Autoren von Romanen, Dramen und so weiter, ich flehte sie an: Wenn *Sie* nicht in der Lage sind, Ihre Leserinnen und Leser gegen Nihilismus und Verzweiflung zu immunisieren, dann unterlasst es *bitte* wenigstens, sie mit eurem eigenen Zynismus zu impfen.

Interviewer: Das ist, wie mir scheint, ein Teil des Problems, mit dem wir in unserer heutigen Zeit konfrontiert sind: Die Medien und die Autorinnen und Autoren der Dramen, die wir im Fernsehen sehen oder in den Zeitungen lesen, vermitteln nicht das, was Sie vermitteln. Sie verwenden eine Sprache, die oberflächlich ist, eine Art flüchtige Sprache. Wir reden nicht genug über diese Dinge, oder?

Frankl: Man wagt es nicht, die Menschen mit ihrem eigenen inneren Vakuum und ihrer Leere und ihrem Sinndefizit zu konfrontieren. Und anstatt die Massenmedien – und *alle* ihnen innewohnenden Möglichkeiten und Potenziale – als Therapie einzusetzen, benutzt man sie als Spiegel der eigenen

Symptome. Und außerdem denkt man schlecht, denkt man abwertend über die Menschen, verstehen Sie? Dabei ist es wichtig, ist es notwendig, wertschätzend von ihnen zu denken.

Ich bin jetzt 72 Jahre alt und habe vor ein paar Jahren angefangen, jedes Mal Flugstunden zu nehmen, wenn ich in Kalifornien bin. Einmal hat mein Fluglehrer zu mir gesagt: Wenn Sie hier starten und dort landen wollen und Sie haben Seitenwind, dann driften Sie ab und landen südlich von Ihrem Ziel. Sie müssen also eine Position nördlich des Zielortes anpeilen; Sie müssen, wie wir Piloten sagen, »vorhalten«.

Das Gleiche gilt für den Menschen. Wenn man ihn abwertet, verdirbt man ihn. Er wird sich verschlechtern, er wird schlechter werden, er wird sozusagen moralisch abdriften. Wenn man ihn dagegen ehrlich wertschätzt, hilft man ihm, das zu erreichen, was er anstrebt. Mit anderen Worten: »Wenn wir die Menschen nehmen, wie sie sind, so machen wir sie schlechter. Wenn wir sie behandeln, als wären sie, was sie sein sollten, so bringen wir sie dahin, wohin sie zu bringen sind.« – Das habe ich nun nicht von meinem Fluglehrer, sondern es ist ein wörtliches Zitat von Goethe.

Interviewer: Ich würde Sie gerne noch einmal zum Thema Leiden befragen. Es freut mich, dass Sie der Meinung sind, wir müssten nicht unbedingt leiden, um einen Sinn im Leben zu finden. Denn in einem Interview, das ich mit Elie Wiesel geführt habe …

Frankl: Wir können einfach das Beste aus dem Leiden machen, wenn es sein muss.

Interviewer: … fand ich es interessant, dass Elie Wiesel sagte, Leiden stünde im Widerspruch zu seiner jüdischen Erziehung. Er betrachtet das Leiden nicht als notwendigen Teil des Lebens, sondern als einen negativen Teil, während Sie dem Leiden einen Wert beimessen – bis zu einem gewissen Grad.

Frankl: Erstens: einen *potenziellen* Wert; ein Wert*angebot*, ein Sinnangebot, das man nutzen muss. Zweitens: nicht jede Art von Leid. Es gibt einen berühmten jüdischen Philosophen – der übrigens der beste und bedeutendste Freund Franz Kafkas war und dem es zu verdanken ist, dass Franz Kafkas Werke nach dessen Tod nicht vernichtet wurden –, ich rede von Max Brod. Und Max Brod unterscheidet in einem relativ unbekannten philosophischen Buch, das die jüdische Philosophie behandelt – die spezifisch jüdische Philosophie –, zwischen edlem und unedlem Leiden. Edles Leid ist Leid, das einem nicht erspart bleibt und das man nicht ändern kann. Man muss es überwinden, man muss das Beste daraus machen, wie ich es zuvor schon trivial ausgedrückt habe. Man muss es in eine Leistung verwandeln; und diese Leistung dann – wenn es einem gelungen ist, sie herbeizuführen … diese persönliche Leistung … ist die höchstmögliche Leistung eines Menschen. Kein Tier vermag so etwas. Kein Tier stellt sich die Frage, ob sein Leben einen Sinn hat oder nicht. Kein Tier ist überhaupt imstande, Leiden in eine Leistung zu verwandeln – das kann nur der Mensch. Aber wenn er das tut, dann hat er den Gipfel dessen erreicht, wozu der Mensch fähig ist.

Interviewer: Herr Doktor, Sie unterstreichen das Thema unserer Serie. Der Titel lautet »*Man Alive*«, und mir scheint, dass der Mensch nur dann wirklich lebendig sein kann, wenn er die Art von Sinn findet, von der Sie sprechen. Und doch gibt es Menschen, die mit dem Gefühl durchs Leben gehen: »Schön und gut, ich komme in diesem Leben zurecht, ich kann in diesem Leben existieren, ich kann mich damit abfinden, denn es gibt ein Leben nach dem Tod, eines Tages gehe ich an einen besseren Ort.« – Doch dann schöpft er das Leben hier auf Erden nicht in seiner Fülle aus, oder?

Frankl: Sicherlich nicht. Mit einem solchen Menschen würde ich mich gerne auseinandersetzen. Und ich würde die Berechtigung einer solchen Überzeugung nicht von *vornherein* ausschließen. Aber lassen Sie mich stattdessen positiver auf Ihre Frage antworten, indem ich darauf hinweise, dass wir meiner Meinung nach versuchen müssen, die potenzielle Sinnhaftigkeit des Lebens *trotz seiner Vergänglichkeit* wahrzunehmen. Viele Patienten haben mich im Laufe der Zeit mit der Frage konfrontiert: »Aber Herr Doktor, irgendwann ist doch alles vorbei. Alles ist vergänglich. Welcher Sinn bleibt dann noch?«

Und wie ich immer zu sagen pflege: Das, was vergänglich ist, sind nur die Möglichkeiten, sind nur die Gelegenheiten: einen Sinn zu erfüllen, sei es, indem man etwas tut, sei es, indem man jemanden liebt, sei es, indem man mutig und wahrhaftig ein Leiden auf sich nimmt, das man nicht ändern kann, und sogar, indem man seinem Tod auf würdevolle Weise begegnet – sozusagen in seinem eigenen Stil. Aber wenn wir eine solche vergängliche Potenzialität verwirklicht haben, wenn wir die Gelegenheit genutzt haben, eine Tat zu vollbringen, jemanden zu lieben, uns einer Aufgabe oder einer anderen Person zu widmen, wenn wir die Gelegenheit genutzt haben, unser Leiden in eine menschliche Leistung zu verwandeln, dann haben wir all diese Sinnmöglichkeiten gerettet, wir haben sie in die Vergangenheit gerettet; wir haben sie sicher in der Vergangenheit abgeliefert und dort abgelegt.

Niemand kann uns das wegnehmen, was wir in die Vergangenheit gebracht haben. Eine Tat, die wir vollbracht haben, eine Liebe, die wir geliebt haben, ein Leid, das wir aufrecht durchgestanden haben, ist etwas Unauslöschliches. Wir sehen meist nur das Stoppelfeld der Vergangenheit. Aber was wir nicht sehen, was wir übersehen, ist die volle Scheune, sind die gefüllten Speicher, in die wir unsere Vergangenheit, unsere Taten, unsere Erfahrungen, unsere Leiden gerettet haben – die Ernte unseres Lebens.

Eine passende Formulierung dafür habe ich im Buch Hiob gefunden, wo es heißt: »Du wirst im Alter zu Grabe kommen, wie Garben eingebracht werden zur rechten Zeit.«

Die *Vergangenheit* ist also die sicherste Form des Seins. Sie ist vorbei, aber in der Vergangenheit bleibt alles, wir haben alles verewigt. Und anstatt nach einem zukünftigen Leben oder einem Leben nach dem Tod zu suchen, halte ich vielmehr *das Gefühl der persönlichen Verantwortung* für wichtig; das Gefühl, dass ich für das, was ich in die Vergangenheit einbringe, verantwortlich bin – und dann, nachdem ich das geschafft habe, kann niemand mehr rückgängig machen, was ich getan habe. – Ich hoffe, ich habe mich einigermaßen verständlich ausgedrückt.

Interviewer: Ich denke schon. Ein anderes Thema, über das Sie vorhin gesprochen haben, ist das Engagement füreinander, die Fürsorge für einen anderen Menschen, die dem Leben einen Sinn gibt – die Liebe zu einem anderen Menschen. Wir erleben in unserer heutigen Gesellschaft, dass wir sehr individualistisch, sehr materialistisch geworden sind. Es gibt aber auch eine Gesellschaft, und ich denke da an die chinesische, in der man sich umeinander kümmert, für die Gemeinschaft und den Staat arbeitet und so vielleicht einen Sinn findet.

Frankl: Für die Zukunft der Nation.

Interviewer: Für die Zukunft der Nation. Ist das ein besseres System?

Frankl: Wissen Sie, vor vielen Jahren hielt ich einmal eine Vorlesung an einer amerikanischen Universität, und ein Freudianer stand während der Diskussionsrunde auf und sagte zu mir: »Dr. Frankl, ich bin gerade aus Moskau zurückgekehrt. Und ich muss sagen, ich verstehe jetzt, was Sie meinen: Wir in Amerika machen uns zu viele Gedanken – wir kultivieren sozusagen unsere Neurosen und idealisieren die Psychoanalyse. Hinter dem Eisernen Vorhang kommen neurotische Erkrankungen viel seltener vor, und ich glaube, das liegt daran, dass man dort Aufgaben zu erledigen hat.«

Ein Jahr später hielt ich selbst eine Vorlesung hinter dem Eisernen Vorhang, an einer kommunistischen Universität, unter kommunistischen Psychiatern. Als ich ihnen diese Geschichte erzählte, lächelten sie selbstgefällig – aber ich warnte sie, lieber nicht zu früh zu lächeln. Sie hätten hier zwar mehr Aufgaben zu bewältigen, aber die Amerikaner hätten sich die Freiheit bewahrt, ihre Aufgaben zu wählen. Wie schön wäre es, eine Synthese herzustellen und beides zu haben: sowohl genug *Aufgaben* als auch die *Freiheit*, seine Aufgaben *wählen* zu können.

Wie dem auch sei: Sie haben mit Recht darauf hingewiesen, dass ein Individuum, ein Mensch, das braucht, was ich *Selbsttranszendenz* zu nennen pflege. Das heißt, dass die Beschäftigung mit sich selbst, dem eigenen Prestige oder dem eigenen Glück selbstzerstörerisch ist. Verzeihen Sie mir, wenn ich der amerikanischen Unabhängigkeitserklärung widerspreche, in der das Recht auf *pursuit of happiness* garantiert wird.

Ich halte das »Streben nach Glück« für einen Widerspruch in sich. Denn Glück kann niemals wirklich *angestrebt* werden.

Glück muss sich *ergeben*; Glück ist ein Nebeneffekt, Glück ist ein Nebenprodukt und muss ein Nebenprodukt der Sinnerfüllung bleiben, unseres Engagements für eine *Aufgabe*, eine Sache, die größer ist als man selbst, oder eine andere Person als man selbst.

Am deutlichsten wird dies bei der Sexualneurose, bei der jemand genau in dem Maße, in dem er sexuellem Glück oder Vergnügen nachjagt, zum Scheitern verurteilt ist. Sei es ein männlicher Patient, der seine sexuelle Potenz unter Beweis stellen will – im gleichen Maße wird er wahrscheinlich impotent werden. Eine weibliche Patientin, die sich selbst beweisen will, dass *sie* voll und ganz zum Orgasmus fähig ist – genau in diesem Ausmaß wird sie scheitern. Doch je mehr man sich andererseits hingibt, je mehr man sich selbst vergisst, in der Liebe oder in der Arbeit, um einer Sache zu dienen oder einen Menschen zu lieben, so wird man genau in dem Ausmaß glücklich werden – eben dadurch, dass man das Glück *nicht* bewusst anstrebt, eben dadurch, dass man übersieht und gar nicht darüber nachdenkt, ob man nun glücklich ist oder nicht.

Genauso verhält es sich mit unseren Augen. Die Fähigkeit unserer Augen, ihre Aufgabe zu erfüllen, nämlich die Welt um uns herum visuell wahrzunehmen, hängt ironischerweise davon ab, dass das Auge *nicht* in der Lage ist, sich selbst zu sehen. Wann sieht mein Auge sich selbst oder irgendetwas von sich selbst? Wenn ich an einem Glaukom erkrankt bin, sehe ich farbige Ringe rings um Lichtquellen, dann nimmt mein Auge seinen eigenen grünen Star wahr. Wenn ich an einem Grauen Star leide, sehe ich eine Trübung. Diese Wolke ist etwas, das mein Auge sieht, *von sich selbst* wahrnimmt. Normalerweise sieht ein Auge nicht sich selbst, sondern die Welt; und je mehr es tatsächlich von sich sieht, desto mehr wird seine Sehfunktion beeinträchtigt. So ist es auch mit dem Menschen. Der Mensch wird zu sich selbst, der Mensch verwirklicht sein Selbst, der Mensch ist genau in dem Maße *menschlich*, in dem er sich *nicht* mit sich selbst oder irgendetwas in sich selbst beschäftigt, sondern seine Selbsttranszendenz auslebt – indem er einer Sache dient, einen Sinn erfüllt oder einen anderen Menschen liebt.

Interviewer: Nun, wissen Sie, Herr Doktor, ich bin weder Psychiater noch Theologe. Und doch scheint mir, dass in Ihrer Logotherapie ein hoher Anteil an Religion steckt. Was ist der Unterschied zwischen Logotherapie und Religion?

Frankl: Das ist ein großer Unterschied. Denn das Ziel jeder Psychotherapie, als säkulare Methode, ist es, einen Beitrag zur mentalen Gesundheit von Menschen zu leisten, während das Ziel des Pfarrers, Priesters oder Rabbiners nicht in erster Linie in geistiger Hygiene besteht. Im Gegenteil: Selbst wenn dadurch noch mehr Spannungen hervorgerufen werden, wird er wie Jakob mit den Engeln mit der betreffenden Person um das Heil, oder wie auch immer man es nennen mag, ringen.

Das ist ein großer Unterschied! Außerdem müssen Sie sich vor Augen halten, dass ich sowohl als derjenige, der dieses System namens Logotherapie entwickelt hat, als auch als Psychiater dafür Sorge tragen muss, dass die Logotherapie *allen* Menschen und Patienten und Patientinnen zur Verfügung steht, den religiösen ebenso wie den nicht religiösen. Und mehr noch: dass sie in den Händen eines jeden Arztes und jeder Ärztin, jedes Therapeuten und jeder Therapeutin, eines agnostischen Menschen genauso wie einer religiös orientierten Person, anwendbar ist. Denn sonst würde ich den hippokratischen Eid verletzen, den ich schwören musste und der besagt, dass ich jedem leidenden Wesen dienen werde. Ich kann also keinen Unterschied zwischen religiösen und nicht religiösen Menschen machen.

Interviewer: Ich kam nur darauf, weil Sie so viele religiöse Begriffe verwenden, nicht unbedingt sprachlich, aber Ihre Erklärungen haben einen religiösen Beiklang.

Frankl: Zum Beispiel?

Interviewer: Nun, dass man sich um andere kümmern soll und nicht nur um sich selbst, dass man nicht nach dem Glück streben soll, denn es wird zu einem kommen.

Frankl: Aber das ist etwas Menschliches, das ist eine anthropologische Tatsache, keine theologische Frage! Ich habe ausdrücklich gesagt, dass man in dem Maße, in dem man sich selbst vergisst, in dem man gibt, ein Mensch ist. Wird es denn zu einer religiösen Angelegenheit, wenn ich es anhand von männlicher Impotenz oder weiblicher Frigidität beweise?

Interviewer: (lacht) Nein.

Frankl: Dass es Parallelen gibt, ist allerdings kein Wunder: Warum sollten sich die Theologen die Jahrtausende hindurch nicht der Fakten des Menschseins bewusst geworden sein? Aber es bleiben eben menschliche Fakten. Die Theologen betrachten sie nur unter einer breiteren Perspektive, sie fügen eine weitere Dimension hinzu. Aber die religiöse Dimension ist ein Bereich, in den wir als Psychiater uns nicht hineinwagen dürfen. Wir würden unsere Botschaft sofort abschwächen, denn die Leute würden sagen, jetzt fängt er an zu predigen. Aber solange ich meine Überzeugung empirisch untermauern kann, kann man sie nicht einfach abtun und sie als bloß erbauliches Denken oder Schreiben abwerten. Und das ist heute sehr wichtig.

Es mag letztlich religiös sein, aber implizit und ungewollt – umso besser für die Religion, sowohl für die Religion als auch für die Psychotherapie! Aber die Unterscheidung muss gemacht werden; man darf die Dimensionen nicht verwechseln. Es gibt so viele Theologen, die sich auf dem Gebiet der Psychiatrie tummeln, dass ich nicht noch zu der Verwirrung beitragen möchte, indem ich anfange, mich auf dem Gebiet der Theologie zu tummeln.

Interviewer: (lacht)

Frankl: Sie erheben Ihrerseits, hier auf diesem Kontinent, die Psychiater zu Gurus. Sie erwarten von ihnen, Antworten auf alles parat zu haben. Aber wir Psychiater haben nicht *die* Antworten. Der Sinn des eigenen Lebens muss von jeder Einzelperson selbst bestimmt werden, niemand kann ihr das »Ringen« mit dieser Frage abnehmen: Was ist der konkrete Sinn meines Lebens? Dabei kann ihr ihr persönliches Gewissen helfen – vorausgesetzt, sie hört genau hin. Aber kein Psychiater kann das übernehmen, keine Psychotherapeutin hat das Recht und die Erlaubnis, ihren Patientinnen und Patienten ein Wertesystem oder eine Sinnrichtung aufzudrängen.

Aber das ist auch nicht nötig – wir Psychiater wissen bis heute nicht einmal, worin die wahre Ursache der Schizophrenie liegt, und noch weniger, wie wir sie heilen können. Wir sind nicht allwissend und schon gar nicht omnipotent.

Das einzige göttliche Attribut, das wir für uns beanspruchen können, ist, dass wir *allgegenwärtig* sind, wir sind in jeder Sendung, wir sind bei *Man Alive* und so weiter; wir sind überall! Aber vor allem – verzeihen Sie mir meine Offenheit –, vor allem ihr Amerikaner solltet damit aufhören, die Psychiatrie zu *vergöttern*, und lieber damit beginnen, sie wieder zu *vermenschlichen*.

Interviewer: Haben Sie vielen Dank! Mir ist klar, dass es, wie Sie sagen, auf jede und jeden Einzelnen von uns ankommt, egal, wer wir sind, wo wir sind oder in welcher Situation wir uns befinden. Sie haben uns aufgezeigt, was wir tun können, und ich danke Ihnen sehr, dass wir Sie in unserer Sendung haben dürfen.

Frankl: Ich danke Ihnen.

Interviewer: Dr. Frankl, junge Menschen scheinen heute besonders große Schwierigkeiten zu haben, Ziele und einen Sinn im Leben zu finden. Warum gerade diese Generation von jungen Menschen? Und was würden Sie ihnen sagen?

Frankl: Zunächst einmal: Das ist keine Neurose, das ist keine Krankheit, sondern eine Manifestation des Besten, was im Menschen vorhanden ist, des Besten, was man im Menschen beobachten kann: intellektuelle Ehrlichkeit und Ernsthaftigkeit.

Wenn jemand die Antworten auf die Frage »Was ist der Sinn meines Lebens?« nicht einfach aus der Tradition übernimmt, dann spricht das doch in gewisser Weise für diesen Menschen. Aber wissen Sie, wenn eine Person nicht nur nach einem Sinn für ihr Leben sucht, sondern sogar infrage stellt, dass es einen solchen Sinn *gibt*, dann sollte sie, wenn sie mutig genug ist, sich nicht auf Traditionen zu verlassen, und stattdessen eine eigene Antwort zu suchen, diesen persönlichen *Mut* mit *Geduld* ergänzen. Anstatt sich aus dieser Verzweiflung heraus das Leben zu nehmen, sollte sie geduldig abwarten können, bis sich ihr früher oder später der Sinn erschließen mag.

Aber die Nachwirkungen, die Nebenwirkungen dieser unter Jugendlichen so weit verbreiteten Verzweiflung, äußern sich als eine Krise, die manchmal fälschlicherweise als Krankheit oder Wahnsinn bezeichnet wird. Ich erinnere mich, dass ich einmal von den Studierenden einer amerikanischen Universität eingeladen wurde, vor ihnen zu sprechen; und sie bestanden darauf, dass der Titel »Ist die neue Generation verrückt?« lauten sollte. Ich konnte den Titel nicht ändern, also musste ich diese Herausforderung annehmen. Als ich mit dem Taxi zur Universität fuhr, fragte mich der Fahrer: »Worüber werden Sie sprechen?« Ich sagte: »Ist die neue Generation verrückt?« Er lachte. »Lachen Sie nicht«, sagte ich, »ich mache Ihnen einen Vorschlag. Ich übernehme Ihr Taxi und Sie übernehmen meinen Vortrag.« »Oh nein, das könnte ich gar nicht.« Ich sagte: »Ich komme aus Wien, und Sie haben den Finger sicherlich viel mehr am Puls der Zeit als ich.« Und er sagte, er könne es trotzdem nicht. Da fragte ich ihn: »Sagen Sie mir ehrlich Ihre Meinung, ist die heutige Generation verrückt?« Und wissen Sie, was er wie aus der Pistole geschossen antwortete? »*Natürlich* sind sie verrückt – sie bringen sich selbst um, sie bringen sich gegenseitig um, und sie nehmen Drogen!«

Genau damit hatte er die drei Aspekte der heutigen Massenneurose treffend auf den Punkt gebracht. *Sie bringen sich selbst um*: Depressionen bis hin zum Selbstmord. Sehen Sie sich nur die schwindelerregenden Selbstmordraten an, besonders unter Jugendlichen. In den Vereinigten Staaten ist Selbstmord unter Schülerinnen und Schülern heute neben Verkehrsunfällen die häufigste Todesursache.

Erstens: Depressionen. Zweitens, *sie bringen sich gegenseitig um*: Aggression. Die Rate der Jugendkriminalität und der Gewalt ist atemberaubend! Drittens: *sie nehmen Drogen*: Nach Depression und Aggression kommt die Sucht. Die »massenneurotische Trias«, wie ich sie zu nennen pflege.

Und es gibt Beweise, empirische Beweise, in der westlichen Welt, aber auch in Asien und Afrika, dass all diese Phänomene im Wesentlichen auf das weit verbreitete, weltweite Gefühl der Sinnlosigkeit zurückzuführen sind, das unsere Kultur und insbesondere die Seelen unserer Jugendlichen durchdringt.

Interviewer: Okay, Sie beschreiben uns den Zustand und haben auch ein Rezept dafür, nämlich einen Sinn im Leben zu finden. Vorhin haben Sie erwähnt, man müsse in Distanz zu sich selbst kommen. Ich würde vermuten, dass dies für Teenager das Richtige wäre, denn sie neigen ja dazu, sich in sich selbst zu verstricken, sie sind in diesem Alter sehr mit sich beschäftigt. Wie können sie, wie können aber auch ältere Menschen aus sich herauskommen?

Frankl: Wissen Sie, es gibt auch empirische Belege dafür, dass Teenager zu sehr mit *Selbstinterpretation* und *Selbstverwirkli-*

chung beschäftigt sind. Beides ist natürlich schädlich und verhindert das, was ich *Selbsttranszendenz* nenne. Man soll und kann sich selbst verwirklichen. Aber man kann sich nur in dem Maße verwirklichen, in dem man sich nach außen wendet! Sogar Abraham Maslow, der Mann, der das Konzept der Selbstverwirklichung mehr als jeder andere propagiert und verbreitet hat, hat in seinen letzten Werken vor seinem Tod meiner Kritik zugestimmt: dass die Selbstverwirklichung niemals als Ziel anvisiert werden kann. Wenn man sie anstrebt, verfehlt man sie. Genau wie bei dem Glück, dem Vergnügen und so weiter.

Nun kann man aber keiner Patientin und keinem Patienten sagen: Bitte vergiss dich selbst. Wissen Sie, wie das enden würde? Genauso, wie es dem größten Philosophen der Geschichte, Immanuel Kant, ergangen ist. Immanuel Kant bemerkte einmal, dass sein Diener ein Dieb war, und er musste ihn entlassen. Aber er war sehr an ihn gewöhnt und wollte ihn deshalb vergessen. Wissen Sie, was er tat, der große Philosoph? Er schrieb auf ein Stück Papier: »Lampe« – das war der Name seines Dieners –, »Lampe muss vergessen werden.« Und er hängte den Zettel an die Wand gegenüber seines Schreibtischs. Auf diese Weise *verhinderte* er natürlich, dass er Lampe vergaß. Man kann nicht willentlich etwas vergessen, am allerwenigsten sich selbst, es sei denn, man widmet sich einer Aufgabe, einer konkreten persönlichen Aufgabe. Auch der Wille zum Sinn kann nicht geweckt werden, außer dadurch, dass man auf den Sinn selbst verweist.

Und das ist sehr wichtig, denn sonst ist es dasselbe wie mit dem Bumerang. Als ich einmal eine Vorlesung an der Universität von Melbourne in Australien hielt, bekam ich einen Bumerang als Souvenir geschenkt, einen echten Bumerang. Als er mir ausgehändigt wurde, hatte ich plötzlich das, was man in der Psychologie nach Karl Bühler ein *Aha*-Erlebnis nennt. Plötzlich kam mir die Erkenntnis, dass dies das eigentliche Symbol der menschlichen Existenz und der selbsttranszendierenden Qualität der menschlichen Realität ist. Denn allgemein wird angenommen, dass es die Aufgabe eines Bumerangs sei, zum Jäger zurückzukehren – aber das stimmt nicht, wie mir der Australier erklärte. Denn nur *der* Bumerang kehrt zum Jäger zurück, der das Ziel, die Beute, zunächst verfehlt hat!

Interviewer: (lacht)

Frankl: Genauso ist es mit den Menschen. Nur die Art von Menschen sind so sehr auf sich selbst bedacht und so sehr darauf bedacht, sich selbst zu betrachten und zu beobachten, sich selbst zu verwirklichen, sich selbst zu interpretieren, die – nicht das Wurfziel, sondern – eine Aufgabe in ihrem Leben verfehlt haben; sie haben keinen Sinn außerhalb von sich selbst oder einen anderen Menschen als sich selbst gefunden. Das ist Selbsttranszendenz: nicht in erster Linie mit sich selbst beschäftigt zu sein, sondern mit etwas *anderem* als sich selbst oder noch besser mit *jemand anderem* als sich selbst.

Interviewer: Noch eine Frage: Vorhin haben Sie in unserem Vorgespräch den Ausdruck »der unbewusste Gott« verwendet. Was genau meinen Sie damit?

Frankl: Das ist der Titel eines meiner letzten Bücher. Ich beziehe mich damit auf die Tatsache, auf die ich im Laufe meiner langjährigen psychiatrischen Praxis immer wieder gestoßen bin, dass selbst unreligiöse Menschen in ihrem Unbewussten religiös sind – natürlich im weitesten Sinne des Wortes. Aber wenn man sich der Aussage von Albert Einstein anschließt, dass es bedeutet, religiös zu sein, wenn man eine Antwort auf die Frage nach dem Sinn des Lebens gefunden hat, wenn man sich einer Definition von Religion in diesem weitesten Sinne anschließt, dann kann man davon ausgehen, dass jeder Mensch unbewusst und auf eine sehr universelle Art und Weise religiös sein kann. Und manchmal ist auch nachweisbar, dass diese nicht nur unbewusste, sondern auch verdrängte Religiosität zu bestimmten Formen von neurotischen Krankheiten führen kann. Die Ansicht von Sigmund Freud, dass Religion eine Neurose des Menschen sei, kann sich also in gewisser Weise sogar umkehren: Wir können nämlich auf Fälle stoßen, in denen im Gegenteil eine Neurose das Ergebnis einer unterdrückten Sehnsucht in einem Menschen ist.

Aber das sollte niemanden dazu verleiten, sich jetzt krampfhaft in die Religion zu stürzen und sie zu propagieren, und da die institutionalisierte Religion sozusagen aus der Mode gekommen ist, jeder Strömung zu folgen – wobei es ja momentan besonders populär ist, östliche Formen der Religion anzunehmen und sich für sie einzusetzen. Ich habe viel Verständnis für östliche Mystik und Meditationstechniken und habe viele Sympathien für sie, aber all das lässt sich nicht auf Kommando, auf Befehl, auf Forderungen, die an einen gestellt werden, nicht einmal durch den eigenen *Willen*, sondern nur spontan erreichen und verwirklichen. Außerdem sollte man die Tatsache nicht übersehen, dass sich die östliche Religion im Großen und Ganzen von unserem westlichen Denken unterscheidet, insofern als das westliche Denken, soweit es sich auf Religion bezieht, auf eine zutiefst personalisierte Religion ausgerichtet ist, und nicht auf eine unpersönliche Religion. Am deutlichsten zeigt sich diese Tatsache im Phänomen des Gebets. Im Gebet wendet man sich an ein ganz und gar persönliches Wesen und nicht nur an ein kosmisches Wesen. Ich würde sagen, das Gebet ist ein ganz persönliches Gespräch, gewissermaßen von Person zu Person. Und diese Tatsache darf nicht vernachlässigt werden: Unser westliches Denken ist sehr stark auf eine persönliche Art der Religion fixiert. Das Gegenteil der institutionalisierten Religion ist die personalisierte Religion – aber beides kann kombiniert werden, und es liegt in der Verantwortung jedes denkenden Individuums, eine Synthese aus beidem zu finden. Es gibt einen Platz für personalisierte Religion innerhalb der institutionellen Religion – und auch umgekehrt.

Doch solange man die Gottheit als ein Wesen darstellt, dem es in erster Linie darum geht, möglichst viele Gläubige um sich zu scharen – und zwar Gläubige im strengen Sinne einer bestimmten Konfession –, wird man scheitern, wird man nicht die religiöse Tiefe oder die tiefen religiösen Gefühle in einem Menschen ansprechen. Er wird eher angewidert sein, weil er sich Gott anders vorstellt: als jemanden, der sich kümmert, als jemanden, der ihn bedingungslos liebt, und nicht als jemanden, der darauf erpicht ist, möglichst viele Gläubige im strengen Sinne zu versammeln. Und deshalb denke ich, dass man die Gewohnheit ablegen und überwinden sollte, dass eine Konfession mit der anderen konkurriert, sie lächerlich macht oder mit ihr streitet. Denn dadurch werden sie alle – diese Konfessionen oder konfessionellen Aktivitäten – auf lange Sicht verlieren. Ich pflege oft – vielleicht ist es ein Sakrileg – Religionen mit Sprachen zu vergleichen.

Interviewer: Wie meinen Sie das?

Frankl: Es gibt verschiedene Sprachen, aber niemand kann behaupten, dass die eigene Muttersprache anderen Sprachen überlegen ist, einfach weil man in jeder Sprache zur Wahrheit gelangen kann. Man kann sich in jeder Sprache *täuschen*, man kann in die Irre gehen; man kann sogar in jeder Sprache lügen. Es gibt also keine Überlegenheit bzw. Unterlegenheit der einen oder der anderen. Dasselbe gilt auch für die Religion oder die einzelnen Konfessionen. Es kann einfach keine Überlegenheit geben. Es gibt sicherlich eine Wahrheit, das gebe ich zu, aber ich füge hinzu, dass *niemand* jemals berechtigt ist, zu behaupten, dass *er* und *nur er allein* es ist, in dessen Händen die Wahrheit liegt.

Interviewer: Vielen Dank, Sir. Ich danke Ihnen sehr.

Freiheit und Verantwortung

DREI

Editorische Notiz des Verlags

»Die Existenzanalyse und die Probleme der Zeit« entfaltet den Zusammenhang zwischen der Suche nach dem Sinn und der Freiheit und Verantwortung des Menschen. Frankl hat diesen Text als Vortrag am 28. Dezember 1946 beim französisch-österreichischen Hochschultreffen in St. Christoph am Arlberg gehalten.[1] Unter dem Eindruck der unmittelbaren Vergangenheit des Zweiten Weltkriegs und Frankls Zeit im Konzentrationslager beeindruckt seine Betonung der Bedingungslosigkeit der menschlichen Freiheit.

Die Existenzanalyse und die Probleme der Zeit

Der Beginn der Neuzeit brachte die Geburt der Naturwissenschaft sowie ihrer Anwendung, der Technik, mit sich. Im 19. Jahrhundert kam es sodann zu deren Reife. Das Erbe des 19. Jahrhunderts haben nun wir antreten müssen: Die ausgereifte Naturwissenschaft hatte zum Naturalismus geführt und die Technik zu einer utilitaristischen Einstellung. Beides war den Menschen in Fleisch und Blut übergegangen, anerzogen und angezüchtet worden, zur Selbstverständlichkeit geworden – einer Selbstverständlichkeit zugleich, die das Selbst-Verständnis des Menschen und dessen Weltverständnis erheblich erschweren musste. Begreift sich doch der Mensch nur mehr als Naturwesen – entsprechend der naturalistischen Einstellung –, und begreift er doch die Welt nunmehr nur noch als bloßes Mittel zum Zweck – entsprechend der technisch-utilitaristischen Einstellung. So unterwirft er sich die Welt durch die Technik. Gleichzeitig jedoch, während die Welt ihm ein »Unterwurf« wird, wird er selbst, wird der Mensch sich selbst zum »Gegenwurf«: zum Objekt! So kommt es denn zur Paradoxie, dass der Mensch, indem er sich »naturalisiert«, sich denaturiert; dass er also, indem er sich als reines Naturwesen versteht, an seiner eigentlichen Natur, seinem eigenen Wesen, vorbeisieht. Während, auf der anderen Seite, durch die Degradierung der Welt zum bloßen – technischen – Mittel der

Mensch schließlich den möglichen und nötigen Endzweck übersieht. Wen wundert es da, wenn es nun, in unserem Jahrhundert, zu einer großen Wende kommt: zu einer Besinnung auf das Unmittelbare! Und dies notwendigerweise im doppelten Sinne: einer Selbstbesinnung auf das eigene Sein (die Reaktion auf das verloren gegangene Bewusstsein seines Wesens) sowie einer Rückbesinnung auf den eigentlichen Sinn (die Reaktion auf das verloren gegangene Bewusstsein des Endzwecks aller Technik). Was sind dies aber anderes als die existenziellen Fragen? Denn was jetzt infrage steht, sind das Sein und der Sinn.

Die existenzielle Frage in ihrer »modernen« Form – also das »Problem des modernen Menschen« – wurde erstmalig aufgeworfen von Kierkegaard. Was er, im 19. Jahrhundert, gefordert hatte, wurde im 20. ermöglicht und verwirklicht. Bergsons Lebensphilosophie und die Phänomenologie Husserls und seines Schülers Scheler haben die Vorarbeit geleistet und so die zeitgenössische Existenzphilosophie ermöglicht.

Nach dem Ersten Weltkrieg wurde sie durch Heidegger und Jaspers verwirklicht. Dem Zweiten Weltkrieg blieb es vorbehalten, ihre Verbreitung zu fördern, ihre Fragestellung zu aktualisieren und, darüber hinaus, sie extrem zu radikalisieren. Fragen wir uns aber nach dem Grund hierfür, dann haben wir uns zu vergegenwärtigen, dass dieser Zweite Weltkrieg von vornherein mehr bedeutete als das bloße Fronterlebnis: Er brachte für das »Hinterland« (das es nun nicht mehr gab) das Erlebnis des Bombenkellers und das Erlebnis des Konzentrationslagers. Längst schon war man weit entfernt davon, der kantischen Forderung getreu zu sein, dass jedes Ding wohl seinen Wert, allein der Mensch seine Würde habe. Lag es doch im Wesen des kapitalistischen Wirtschaftssystems, dass es den Menschen, den Arbeiter, insofern degradierte, als es aus ihm kaum mehr als einen Maschinenbestandteil im Produktionsprozess machte. Das war aber noch lange nicht der Triumph jenes technischen Utilitarismus, von dem vorher die Rede war. Denn vorläufig war nur die Arbeit des Menschen zum bloßen Mittel geworden. Der Krieg jedoch machte sein ganzes Leben zu einem solchen Mittel, der Krieg degradierte den Menschen sonach um ein Weiteres – er machte ihn zum Kanonenfutter. Vollends erreichte den Gipfelpunkt dieses fortschreitenden Degradierungsprozesses schließlich das Konzentrationslager. Denn hier war nicht mehr bloß die Arbeitskraft oder das Leben selbst – hier war mehr zum Mittel geworden: noch das Sterben. Denn in den Lagern war der Mensch ein Versuchskaninchen. In diesem Degradierungsprozess wird somit ein Fortschritt offenbar. Eben ein technischer Fortschritt. Wie es denn überhaupt fraglich ist, ob es einen anderen Fortschritt gibt. Und ob nicht aller Fortschritt nur ein technischer ist und uns nur deshalb als Fortschritt schlechthin imponieren kann, weil wir eben in einem Zeitalter der Technik leben.

Was bedeutet nun die existenzielle Fragestellung? Mit der existenziellen Frage stellt der Fragende sich selbst infrage – die existenzielle Fragestellung ist die Infrage-Stellung des

Menschen. Inwiefern können wir nun behaupten, dass sie in der letzten Zeit weiter vorangetrieben wurde denn je? Nun, in dieser Zeit war eben schlechterdings alles fragwürdig geworden: Geld, Macht, Ruhm, Glück – all dies war weggeschmolzen vom Menschen. Aber in einem damit war der Mensch selber eingeschmolzen, verbrannt vom Schmerz und durchglüht vom Leid; eingeschmolzen auf sein – Sein. Was alles weggeschmolzen war, war das Haben: Geld hat man, Macht hat man, Ruhm hat man, Glück hat man; aber ein Mensch ist man. Was also blieb, war der Mensch selbst – das, was an Menschlichem an ihm ist. So führte diese Zeit zu einer Bloßlegung des Menschlichen. Im Hexenkessel der Kesselschlachten, in den Luftschutzbunkern und in den Konzentrationslagern erfuhr der Mensch die Wahrheit: Entscheidend in allem und jedem ist der Mensch. Was aber ist der Mensch? Er ist das Wesen, das immer – entscheidet. Und er entscheidet immer wieder, was er ist, was er im nächsten Augenblick sein wird. In ihm sind die Möglichkeiten zum Engel und zum Teufel. Denn der Mensch, wie wir ihn kennengelernt haben – und wir haben ihn kennengelernt wie vielleicht keine Generation zuvor –, der Mensch ist das Wesen, das die Gaskammern erfunden hat; aber er ist zugleich das Wesen, das in diese Gaskammern gegangen ist, aufrecht und mit der Marseillaise oder mit einem Gebet auf den Lippen.

Wenn wir aber annehmen: Der Mensch ist ein Wesen, das über sich selbst entscheidet – dann fängt der Mensch genau dort an, wo ihn der Naturalismus aufhören lässt! Nehmen wir als eine der Formen von Naturalismus den Biologismus; dann hören wir von ihm, dass ein Mensch entweder ein »typischer« Pykniker sei oder ein »typischer« Astheniker oder aber ein »typischer« Athletiker; in jedem Falle aber muss er so sein, wie er nun einmal ist, er kann nicht anders. Oder nehmen wir den Soziologismus. Ihm zufolge ist ein Mensch ein typischer Kapitalist oder ein typischer Proletarier oder der typische Kleinbürger; und in jedem Falle muss er gemäß seinem soziologischen Sein auch diese oder jene Geisteshaltung haben – sie ist ihm eindeutig zugeordnet. Und es erscheint undenkbar, dass er dieser Bestimmtheit durch den »Typus«, dem er zugehört, sich entziehe. Oder nehmen wir schließlich jene Verquickung von Biologismus und Soziologismus, jenen gewissermaßen »kollektiven« Biologismus, der im Rassismus zutage tritt: Nach ihm bin ich entweder ein »nordischer Leistungstypus« oder ein »mittelmeerländischer Darstellungstypus« oder ein »wüstenländischer Offenbarungstypus«. In jedem Falle bin ich diesem Typus verhaftet und verkettet und in jedem Falle bin ich bis in alle weltanschaulichen Entscheidungen hinein von diesem Typus-Sein her schicksalhaft bestimmt.

Aber es ist gar nicht wahr, dass der Mensch als »typischer …« so und nicht anders sein kann. Ich habe in einem Konzentrationslager den Lagerführer, einen SS-Mann, kennengelernt; und er war keineswegs ein »typischer SS-Mann«, sondern er kaufte von seinem eigenen Geld insgeheim Medikamente für die Lagerhäftlinge. Und ich habe andererseits, im gleichen Lager, den Lagerältesten, der also selber Häftling war, kennengelernt, der seine Mithäftlinge verprügelte. Und ich habe schließlich einen hohen Gestapo-Beamten kennengelernt, der abends zu Hause seiner Familie aufs höchste erschüttert von den Deportierungen erzählte, während seine Gattin in Tränen ausbrach. Er bat ein paar Juden, mit denen er zu tun hatte, flehentlich, nur ja recht sehr auf ihn zu schimpfen, denn sobald man sie nicht mehr über ihn schimpfen hörte, würde man misstrauisch werden und ihm sein Amt entziehen und damit die Möglichkeit, da und dort doch noch das Leid lindern zu helfen. Alle diese Menschen hätten die Möglichkeit gehabt, »typische« Repräsentanten ihrer »Rasse« oder ihrer sozialen Funktion zu sein; und doch haben sie es nicht getan und sich dafür entschieden, »atypisch« zu sein. So können wir sagen: Es gibt gar keine Typen, die den Menschen in seinem Verhalten eindeutig determinieren. In diesem Sinn gibt es daher auch gar keine Rassen; oder aber nur zwei »Rassen« – die Rasse der anständigen Menschen und die Rasse der unanständigen Menschen. Diese Trennung geht quer durch alle Typen. Die biologischen, psychologischen und soziologischen. Und es wäre nur zu wünschen, dass die Menschheit zu diesem Bewusstsein der Zusammengehörigkeit aller anständigen Menschen, über alle Rassen und Typen hinweg, gelange und dass so, wie einstmals das Judentum der Welt den Monotheismus geschenkt hat, als die Lehre von dem einen Gott, dereinst der Welt auch der Monanthropismus gegeben werde, als die Lehre von der *einen* Menschheit.

Aber die anständigen Menschen, das wissen wir mehr denn je, sind in der Minorität. Vielleicht in einer ewigen Minorität, in einer immer scheiternden Minorität. Allein dieser Pessimismus braucht uns nichts weniger als fatalistisch zu machen. Früher war wohl der Aktivismus an einen Optimismus gebunden, an den Glauben an den Fortschritt. Heute aber ist es so, dass gerade der Glaube an einen selbsttätig sich durchsetzenden Fortschritt, an eine automatische Höherentwicklung, unsere Aktivität lähmen, unser Gewissen einlullen müsste. Wir sind längst entfernt von einem solchen Fortschrittsglauben; wir sind Pessimisten geworden, denn wir wissen, wessen der Mensch fähig ist. Aber wenn wir vorhin sagten, dass wir gesehen haben, dass alles auf den Menschen ankommt, dann müssen wir hinzusetzen: Auf jeden einzelnen Menschen kommt es an! Gerade deshalb, weil es sich bei menschlichen Menschen um eine Minorität handelt, ist jeder Einzelne wichtig. Und auf seine persönliche Kampfentschlossenheit, auf seine persönliche Opferbereitschaft wird es ankommen, soll er nicht mitschuldig werden daran, dass sich die Opfer ganzer Menschenmassen wiederholen. So wird er auch das Opfer seines persönlichen Lebens nicht scheuen. Denn was wäre dieses Leben, wenn es an sich einen Wert bedeutete und sein ganzer Wert nicht gerade darin bestünde, dass es hingegeben werden kann für etwas anderes? Gerade im Konzentrationslager ist diese wesenhafte Transzendenz des Lebens, dieses sein »intentionales« Hinausweisen über sich selbst, aufgebrochen. Denn wenn auch die Frage der meisten lautete: Werde ich überleben? – denn wenn nicht, dann hätte dieses ganze Leiden keinen Sinn, so gab es doch immer wieder andere, deren Frage anders lautete: Hat dieses Leiden, ja dieses Sterben einen Sinn? – denn sonst hätte auch das Überleben keinen Sinn. Ein Leben, das von Gnaden eines Zufalls abhängt, des Zufalls nämlich, ob man mit ihm »davonkommt« oder nicht, ein solches Leben könnte nicht sinnvoll und lebenswürdig sein, selbst dann, wenn man mit ihm davonkommt. So wurde hinter all der scheinbaren Sinnlosigkeit des Leidens und des Opfers in den Konzentrationslagern eine so unbedingte Sinnhaftigkeit offenbar, dass sie auch noch den Sinn von Leiden, Opfer und Tod mit einbeschloss.

Wir sprachen vom Einzelnen, auf den es ankomme. Als solcher entzieht er sich auch jedweder Organisation. Und doch führen schmale Brücken vom einen zum anderen, und diese Brücken tragen, und auf diesen Brücken bewegt sich der Geist der Zeit – der der Geist der Zukunft ist. Und solche Brücken waren es auch, die uns hierher zusammengeführt haben, aus verschiedenen Ländern. So finden sich denn menschliche Menschen von überallher über die Grenzen hinweg zusammen. Und es bliebe nur zu wünschen übrig, dass der Mensch – sofern es wahr ist, dass er heute »politisiert« ist –, dies nicht nur sei im Sinne von Parteipolitik, dass er vielmehr kosmopolitisiert werde. Und dies wäre umso wichtiger, als es ja allenthalben feststellbar ist, dass sich die Menschlichkeit aus dem öffentlichen, dem politischen Leben gleichsam ins Privatleben zurückzieht. Ekel vor der Politik bemächtigt sich der Anständigen und auf der anderen Seite das schamhafte Verbergen ihrer Anständigkeit im kleinen Kreise. In einer Zeit, in der »Idealist« nahezu zu einem Schimpfwort geworden ist, neigt der Mensch dazu, sich mit seiner Güte in seine vier Wände zurückzuziehen. Und es wird uns dann nicht wundern, wenn wir dem Typus des jugendlichen Schleichhändlers begegnen, der in sozialer Bedenkenlosigkeit Schwarzhandel betreibt, um für die Seinen, und gewiss nicht für sich allein, ein besseres Leben zu ermöglichen. Der Ekel vor der Politik jedoch hat seine Hauptgründe darin, dass die Parteipolitik des Tages in ihrem Kleben am Parteiprogramm und an der Kampftaktik vollends einem Utilitarismus unterlegen ist, also dem Standpunkt vom Zweck, der die Mittel heilige; einem Standpunkt, der sich sowohl im Opportunismus der Parteiführer als auch im Konjunkturismus der Parteimitglieder manifestiert. Vor allem aber gründet sich der Ekel vieler anständiger Menschen vor dem parteipolitischen Getriebe auf eine unsägliche Propagandamüdigkeit. Alle Propaganda ist durch die letzten Jahre längst diskreditiert worden. Was da bleibt, kann sonach nur eines sein: die Propaganda des Vorbilds! Sie liegt in den Händen des Erziehers. Und darüber hinaus noch eines: die Propaganda des Gesprächs – des Gesprächs von Mensch zu Mensch, *in camera caritatis* –, sei es im Gespräch zwischen Priester und Gläubigem, sei es – angesichts der »Abwanderung der abendländischen Menschheit vom Seelsorger zum Psychotherapeuten« (Victor E. v. Gebsattel) – im Gespräch zwischen dem Nervenarzt und seinem Kranken.

Wir haben eingangs von der existenziellen Selbstbesinnung des Menschen auf sein eigentliches Sein gesprochen, und zwar im Sinne eines Freiseins gegenüber den vom Naturalismus stipulierten scheinbar totalen Abhängigkeiten des Menschen von den biologischen, soziologischen, physiologischen Gesetzmäßigkeiten des »Typus«, dem er jeweils zugehört. Wenn wir nun weiter von dieser wesenhaften menschlichen Freiheit sprechen, dann wollen wir sie mit ihrem dialektischen Gegenstück, dem Schicksalhaften, konfrontieren. Als solches Schicksalhafte kommt nun infrage das, was sich meiner Freiheit entgegenstellt, und zwar sowohl im Sinne des Schicksals in mir als auch des Schicksals um mich. Dieses Letztere ist in erster Linie das Materielle, weiters das »Materielle« im erweiterten Wortsinn, nämlich im Sinne des »Ökonomischen«. Hier handelt es sich sonach um die ökonomische Situation des Menschen. Schließlich kommt infrage sein äußeres Schicksal im Sinne seiner sozialen Situation – wie sie eben vom Soziologismus als ausschließliche Determinierung menschlichen Seins aufgefasst wird. Wir stehen sonach vor dem Problem des historischen Materialismus, der die materiellen = ökonomischen Verhältnisse bzw. die gesellschaftliche Lage, das gesellschaftliche »Sein« des Menschen, dessen Bewusstsein eindeutig und einsinnig bestimmen lässt.

Ist es nun wahr, so wollen wir uns fragen, dass der (sozialen) Umwelt eine charakterprägende Macht zukommt, sodass der Mensch von ihr völlig abhängig ist und psychisch nicht nur beeinflusst, sondern beherrscht wird? Nehmen wir doch zum Beispiel jene Charakterveränderungen, die der Charakterologe Utitz an langjährigen Häftlingen von Konzentrationslagern zu beobachten vermeinte. Es handelte sich, wie er es auslegte, um eine Verschiebung der Charakterstruktur nach der Seite der Schizoidie (Kretschmer) hin; Die Häftlinge wurden in zunehmendem Maße sowohl gereizt als auch apathisch. Was wir aber festhalten müssen, ist, dass jeder einzelne dieser Haftlinge - nachweislich - noch immer die innere Freiheit hatte, diesen nur scheinbar notwendigen, äußerlich bedingten Charakterdeformationen zu widerstehen; immer wieder zeigte es sich, dass es auch Häftlinge gab, die ihre Gereiztheit eben unterdrücken und ihre Apathie überwinden konnten. Diese innere Freiheit, auch angesichts dieser scheinbar übermächtigen Einwirkungen seitens des Milieus, besitzt der Mensch bis zum letzten Atemzug, und wenn man auch dem Lagerhäftling alles nehmen konnte - sie behielt er. Welches Schicksal auch immer ihm widerfuhr; Die Freiheit, sich so oder so zum Schicksal einzustellen, ist unverlierbar; und es gab ein »so oder so«, selbst im KZ. Und wenn andere, die selber im Lager waren, die seelischen Reaktionen auf die Haft wieder anders interpretiert haben, und zwar im Sinne der Freudschen Psychoanalyse, und behaupteten, die Haft und das Lagerleben brächten eine »Regression« mit sich, nämlich ein Zurückschreiten zu primitiveren Formen der Triebhaftigkeit, so kann ich nur darauf verweisen, daß es immer einzelne Fälle gab, die bewiesen haben, dass der Mensch sich auch dieser scheinbar zwangsläufigen Charakterentwicklung zu entziehen vermochte. Gab es doch genug Beispiele dafür, dass das identische Erlebnis der Situation im KZ bei andern nichts weniger als zu einer Regression, ja im Gegenteil: dass es zu einer Progression, zu einem inneren Vorwärts- und Höherschreiten führte - vielleicht so recht im Sinne jenes Satzes von Hölderlin, der da lautet: »Wenn ich auf mein Unglück trete, dann stehe ich höher.«

Aber wir wollen dem Marxismus nicht unrecht tun und etwa behaupten, dass er seinerseits behaupte, dass die äußeren, wirtschaftlichen und gesellschaftlichen Verhältnisse den Menschen, dessen Bewusstsein ausschließlich und eindeutig bestimmen. Wer dies behauptet, ist nämlich kein Marxist schlechthin, sondern bloß ein Vulgärmarxist. Denn schon der doktrinäre Marxismus gibt zu, dass das Abhängigkeitsverhältnis zwischen gesellschaftlichem Sein und Bewusstsein des Menschen nicht nur ein einsinniges ist, dass es vielmehr auch eine Rückwirkung des Bewusstseins auf das gesellschaftliche Sein gibt. Dass die Klassenlage das Klassenbewusstsein eindeutig bestimme, ist also nur die halbe marxistische Wahrheit. Es ist durchaus noch marxistisch gedacht, wenn wir hinzusetzen, dass auch umgekehrt das Klassenbewusstsein die gesellschaftliche Lage bzw. die politische Entwicklung beeinflusst. Sollte uns aber von marxistischer Seite vorgehalten werden, dass der Mensch tatsächlich eindeutig und einsinnig vom ökonomisch-sozialen Unterbau schicksalhaft abhänge, dann brauchten wir diesen Marxisten nur zu fragen, mit welchem Recht er sodann von einer »Erziehung zum Klassenbewusstsein« spreche. Denn Erziehung setzt allemal Freiheit voraus, nämlich die Freiheit, sich umzustellen und sein Schicksal – auch sein gesellschaftliches bzw. geschichtliches – »in die Hand zu nehmen«.[2] So sehen wir denn, dass die Freiheit auch im Sozialismus und auch vom Marxismus vorausgesetzt ist, und zwar im Sinne eines Mittels im politischen Kampf. Fragen wir uns aber nun, ob sie denn nicht auch im politischen Endziel des Sozialismus ebenso *implizite* vorausgesetzt ist? Und wirklich finden wir alsbald, dass Freiheit sehr wohl enthalten ist in jenem Idealzustand einer Gemeinschaft, deren Herstellung den Sinn aller sozialistischen Politik ja ausmacht.

Freilich: Ein solcher Begriff von Gemeinschaft ist weit entfernt von jener Auffassung, die man nachgerade als »politische Zoologie« bezeichnen könnte. Nehmen Sie dieses Wort nur wörtlich und Sie werden sofort verstehen, was damit gemeint ist: das Bild vom Menschen als einem puren *zoon politikon!* Die Idee des Menschen als eines, dessen Sozietät eine kreatürliche, eine zoonhafte wäre. Dem ist aber nicht so; vielmehr enthält alle wahrhafte menschliche Gemeinschaft ein freies Bekenntnis zu ihr – der Mensch ist der Gemeinschaft nicht einfachhin verfallen und verhaftet, so wie das Tier, sondern der Mensch entscheidet sich jeweils für die Gemeinschaft! Aber in dieser Entscheidung steckt eben das Moment der Freiheit, und so sehen wir, dass zwischen Freiheit des Menschen und menschlicher Gemeinschaft ein Fundierungsverhältnis besteht.

Weiters entzieht sich einer solchen Fassung der Idee menschlicher Gemeinschaft als einer von Freiheit fundierten jener Totalitarismus der »Gemeinschaft«, der eigentlich gar nicht echte Gemeinschaft meint, vielmehr ein bloßes Kollektiv. Die alte Frage, ob das Individuum oder die Gemeinschaft das Primäre sei, ist eine recht pubertative Frage – und sie wird vielleicht nur deshalb noch immer gestellt, weil anscheinend auch die Menschheit noch in der Pubertät steckt. Wir aber stehen auf dem Standpunkt, dass – außer dem Fundierungsverhältnis zwischen Freiheit und Gemeinschaft – ein echtes dialektisches Verhältnis zwischen Individuum und Gemeinschaft besteht. So zwar, dass wir formulieren können: Nur die Gemeinschaft gewährleistet den Sinn der Individualität der Individuen; aber auch: Nur die gewahrte Individualität der Individuen gewährleistet umgekehrt den Sinn von Gemeinschaft. Dies ist es auch, und nur dies allein, was Gemeinschaft vom bloßen Kollektiv oder gar von der Masse unterscheidet. Denn im Kollektiv ist der Mensch nicht nur unindividuell, sondern überhaupt unmenschlich; als Mensch geht er im Kollektiv unter. Denn für das Kollektiv hat er nur »Sinn« als eines von vielen produktiven Elementen. Wohin dies aber schließlich führt, haben wir vollends gesehen in der Euthanasie im nationalsozialistischen Staat, wobei das nicht mehr produktive Leben von vornherein für »lebensunwert« angesehen wurde und als solches vernichtet werden sollte. Während alles eigentlich Menschliche an Werten, all das, was den Menschen eben auch jenseits seiner Produktivität wertvoll und sein Dasein überhaupt erst menschenwürdig macht, gar nicht mehr gesehen wurde.

Wir haben sonach im Verlauf dieses Abschnittes festgestellt, dass die menschliche Freiheit auch für einen wohlverstandenen Marxismus sowohl im Sinne eines Mittels als auch im Sinne des Endziels immer schon vorausgesetzt ist. Oder, mit anderen Worten, dass der Sozialismus der Freiheit niemals entraten kann – weder als *socialismus militans* noch als *socialismus triumphans*. Und damit hätten wir im Zuge der Untersuchungen des Problems des historischen Materialismus durch Aufdeckung des Freiheitsmoments seine Wendung zum personalen Sozialismus mit vollzogen.

Nun kommen wir zu dem weiteren Punkt, wo wir die menschliche Freiheit nun nicht mehr mit dem Schicksalhaften »um uns«, sondern mit dem (scheinbar) Schicksalhaften in uns selber zu konfrontieren haben. Das innere Schicksal jedoch wird repräsentiert in erster Reihe durch das, was wir gemeiniglich als Anlage bezeichnen. Wir kommen damit mitten hinein in eine Kritik des Biologismus – nachdem wir zuvor den Soziologismus kritisch beleuchten mussten; denn die Anlagen des Menschen stellen ja die biologischen Dispositionen in ihm dar, sowohl im Sinne dessen, was der Mensch als familiäre Dispositionen »mitbekommt«, als auch im Sinne nationaler Dispositionen bzw. charakterologischer Neigungen. Hierzu wäre nun gleich eingangs Folgendes zu betonen: Alle Anlagen im Menschen sind zwar schicksalhaft und entziehen sich als solche von vornherein seiner Freiheit und seiner Verantwortlichkeit, aber an sich sind sie durchaus noch wertneutral oder ambivalent. Sie sind bloße Möglichkeiten – deren Verwirklichung erst durch eine Art personaler Entscheidung erfolgt. Und erst diese Verwirklichungen der inneren Möglichkeiten im und durch das Individuum machen aus den ursprünglich und eigentlich wertneutralen Dispositionen einen Wert oder einen Unwert, eine Tugend oder ein Laster. Und so stehen wir mitten im Problem der Kollektivschuld. Hier aber müssen wir dreierlei streng unterscheiden. In dreierlei Sinne gibt es nämlich eine »Kollektivschuld« – nur dass im aktuellen Sprachgebrauch Kollektivschuld kaum jemals in einem dieser drei Sinne verwendet wird. Diese drei Formen, in denen allein Schuld oder Verantwortung tatsächlich kollektiv sein kann, sind nun die folgenden:

1. Kollektive Haftung. – Die sogenannte Kollektivschuld kann fürs Erste einmal in dem Sinne verstanden werden – und in diesem Sinne auch Sinn haben –, dass man Mitglieder eines bestimmten Kollektivs in ihrer Gesamtheit, also kollektiv, haftbar macht für Folgen von etwas, das vom Kollektiv als solchem verbrochen wurde. Dass von solcher kollektiven Haftung sinnvoll die Rede sein kann, auch dann, wenn das Einzelindividuum keine persönliche Verantwortung trifft, lässt sich folgendermaßen illustrieren: Wenn ich mich etwa einer Blinddarmoperation unterziehen muss – für deren Notwendigkeit ich doch gewiss nicht verantwortlich gemacht werden kann –, bin ich zwar nicht »schuld« daran, dass ich von einer Blinddarmentzündung befallen wurde. Und trotzdem werde ich dem Arzt, der mich operiert hat, das Honorar »schuldig« sein und für die Bezahlung »haften«. Nun, ebenso haftet ein Volk in seiner Gesamtheit, und so auch jeder Ein-

zelne unter den diesem Volke Angehörenden, dafür, dass er von einer Tyrannis und einem Terror erst von andern Völkern befreit werden musste, dass erst andere freiheitsliebende Nationen ihre Jugend auf den Schlachtfeldern aufopfern mussten, um all diese einzelnen Schuldlosen von ihrer Regierung zu befreien – nachdem sie es selber zu tun nicht imstande waren, nachdem sie hierzu zu ohnmächtig waren, wie sie ja selber immer wieder beteuern. So bin ich denn auch dann, wenn ich persönlich unschuldig bin an dem, was die Nation, der ich angehöre, im Weltgeschehen verbrochen hat – für die Folgen dieser Verbrechen bin ich mithaftbar.

2. Schuld am Beitritt zu einem Kollektiv. – Wenn ich einem Kollektiv, etwa einer Partei, beigetreten bin, dann mag ich bis zu einem gewissen Grad auch persönlich mitschuldig sein, mich mitschuldig gemacht haben an irgendwelchen Verbrechen, die von dieser Partei programmatisch begangen wurden. Aber erstens: Einer Nation tritt man nicht bei … Also dürfte ich keineswegs dafür verantwortlich gemacht werden, dass ich zufällig einer Nation zugehöre, die beispielsweise einmal einen verbrecherischen Krieg erklärt hat. Zweitens: Aber auch dann, wenn ich einer Partei beigetreten bin und insofern mitschuldig geworden bin daran, was diese Partei verbrochen hat, selbst dann ist es noch immer die Frage, ob und inwieweit ich nicht nachweislich unter Druck stand und ob nicht dieser Beitritt, für den ich da verantwortlich gemacht werde, ein mehr oder minder erzwungener, unfreiwilliger und insofern etwas war, das weder ganz in meiner Freiheit noch ganz in meiner Ver-

antwortung stand. Nun, diese gewiss heikle Frage im Einzelfall zu entscheiden, mag nicht leicht sein. Auf jeden Fall aber dürfte nur derjenige sich das Recht anmaßen, über den anderen abzuurteilen und dem anderen etwa vorzuwerfen, er hätte dem Druck und dem Zwang eben widerstehen müssen – nur derjenige hätte zu diesen Vorwürfen das Recht, der für seine eigene Person unter Beweis stellen kann, dass er selber es ja so gehalten hat. *Nur wer selber lieber ins Konzentrationslager gegangen ist, als dass er dem Druck nachgegeben hätte – eigentlich dürfte nur der über den Nachgiebigen den Stab brechen.* Wer nicht in der gleichen Situation war wie der jeweils Inkriminierte, wer z. B. im sicheren Ausland gesessen ist, hat es nur allzu leicht, von anderen Heldentum oder gar Märtyrertum zu verlangen oder anderen Schwäche und Feigheit vorzuwerfen.

3. Kollektive Verantwortung. – Schließlich kann, zu Missverständnissen Anlass gebend, unter Kollektivschuld auch jene kollektive Verantwortlichkeit begriffen werden, derzufolge jeder Einzelne irgendwie mitverantwortlich ist für jeden anderen – »einer für alle«, pflegt man zu sagen. Dann aber haben wir auch zu ergänzen: »Und alle für einen!« Wenn wirklich jeder für jeden mitverantwortlich ist, dann gefälligst auch *jeder* für jeden! Und hier ist jeder Pharisäismus höchst unangebracht, in dem sich die eine Nation gegenüber der andern wiegen mag. Geben wir es doch nur zu: Jeder Mensch, und jeder Einzelne genauso wie jedes einzelne Volk, »ist« schlechterdings »in Begleitung« des Bösen. Und diese Begleitung ist wahrhaftig, um es musikalisch auszudrücken, eine »obligate«

Begleitung: Das Böse ist ubiquitär! Und sofern wir gerade in den letzten Jahren gesehen haben, zu was allem der Mensch fähig ist, so haben wir auch gelernt, dass dazu jeder Einzelne fähig ist. Gewiss, nicht in jedem wird das Böse Wirklichkeit; aber in jedem ist es angelegt zumindest als Möglichkeit; und als Möglichkeit war das Böse nicht nur in jedem, sondern als Möglichkeit ist es auch und bleibt es auch in jedem. Glauben wir nur das nicht: dass der Teufel eine Nation gepachtet hat oder dass er irgendeine Partei monopolisiert hat. Und auch der irrt, der da meinte, der Nationalsozialismus sei es gewesen, der das Böse erst geschaffen habe. Dies hieße den Nationalsozialismus überschätzen, denn er war nicht schöpferisch – nicht einmal im Bösen. Der Nationalsozialismus hat das Böse nicht erst geschaffen, er hat es nur gefördert – wie vielleicht kein System zuvor: gefördert durch eine negative Auslese, die er betrieb, und durch die »fortzeugend Böses gebärende« Macht des bösen Vorbildes.

Aber sollen wir nun den Spieß umkehren? Sollen wir nun »dasselbe in Grün« machen oder, wie man eigentlich sagen müsste, das Braune in Schwarz oder Rot? Sollen wir dasselbe und immer wieder dasselbe tun und nur die Vorzeichen ändern? Ich kenne einen Jungen, der einmal gefragt wurde, ob er sich nicht von einem alkoholischen Getränk bedienen wolle; und in seiner sprachlichen Unbeholfenheit meinte dieser Junge: »Danke nein, ich bin ein – Antisemit von Alkohol.« So etwa mutet einen so mancher Ismus von heute an: Man ist zwar nicht mehr ein Antisemit im eigentlichen, ursprünglichen Sinne, man ist also nicht mehr ein Antisemit von »Semiten«, aber dafür ist man ein »Antisemit« von irgendetwas anderem. Mit den gleichen Mitteln, deren System man doch zu bekämpfen vorgibt, will man das System selber bekämpfen. Daraus aber ergibt sich ein innerer Widerspruch, nicht unähnlich dem, den etwa ein »Verein der Gegner der Vereinsmeierei« enthielte. Und sagten wir vorhin, nur das Vorzeichen sei ein anderes, dann könnten wir mit ebenso viel Recht jetzt sagen: Die Vorsilbe ist die gleiche geblieben – nämlich das »Anti«! Und so wird wieder nur ein Schlagwort geboren. Von Schlagworten aber sollten wir schon genug haben. Denn wir haben nicht nur gesehen, was man schon immer gesehen hat: einen Menschen vom Schlag getroffen zusammenbrechen; wir haben mehr gesehen: Wir haben ein ganzes Volk in seinem Zusammenbruch gesehen – vom Schlagwort getroffen.

Was es gälte, wäre jetzt, die Kette des Bösen zu zerreißen; nicht wieder Gleiches mit Gleichem, Böses mit Bösem zu vergelten, sondern: die einmalige Chance zu nützen, die man jetzt hat, um das Böse gerade dadurch zu überwinden, dass man es eben nicht perenniert und perpetuiert, dass man sich nicht an das »Aug um Aug und Zahn um Zahn« hält. Denn wer mit diesem Wort das Alte Testament in die Debatte zu ziehen versucht, dem könnten wir mit mindestens so viel Recht aus dem gleichen Buche ein anderes Zitat entgegenhalten, das unsere Auffassung zu belegen angetan ist – die Geschichte von Kain. Zwar glauben die meisten Menschen, wenn man sie danach fragt, wozu das Kainszeichen gedient habe, dass Gott den Kain stigmatisieren wollte, um die anderen auf diesen ersten Mörder aufmerksam zu machen. Aber weit gefehlt. Liest man nach, dann erfährt man nämlich, dass Kain, nachdem ihm von Gott die Sühne auferlegt war, einwandte, er würde nun, in die Fremde vertrieben, erschlagen werden; und um dem vorzubeugen, wurde ihm das Kainsmal aufgedrückt – also gerade dazu, dass die Menschen ihrerseits ihm weiter nichts zuleide tun, nicht weitermorden, also nicht Mord mit Mord beantworten. Und wirklich: Der Mord an Kain sollte, wie ausdrücklich geschrieben steht, noch mehr geahndet werden als selbst Kains Mord an Abel. So und nur so war es gemeint, und nur so war es möglich, den Brudermord eben nicht zu verewigen.

Kehren wir nun zur ursprünglichen Frage, ob und inwiefern so etwas wie eine kollektive »Verantwortung« in gewissem Sinne – in dem wir jedenfalls nicht mehr von »Schuld« sprechen dürften – tatsächlich existiert, zurück, so könnten wir nach all dem Gesagten folgendermaßen formulieren: Sofern es kollektive Verantwortung gibt, kann sie nur eine planetarische sein.

Die eine Hand soll sich nichts darauf einbilden, dass nicht sie es ist, sondern die andere, die von einem Geschwür befallen wurde; denn immer ist es der ganze Organismus, der da erkrankt ist. Und so möge denn auch die eine Nation nicht frohlocken darüber, dass nicht sie es war, sondern die deutsche, die dem Nationalsozialismus verfallen war; denn es war die ganze Menschheit, die da erkrankte.

Wir sehen also, wie uns eine kritische Beurteilung des Problemkreises der Kollektivschuld von ihr hin zur Idee einer planetarischen Verantwortung führt.

Aber nicht nur das Biologische in mir, die Anlagen, machen mein inneres Schicksal aus – als etwas, mit dem sich meine Freiheit auseinanderzusetzen hat. Sondern zum Schicksal gehört, neben dem Soziologischen und dem Biologischen, auch das Psychologische. Das psychologische Schicksal in mir aber ist das »Es« (Freud). Denn »es« ist das, was sich wesenhaft dem Ich und seiner Freiheit widersetzt; »es treibt« – und wen treibt es? Wir fragen sonach nach dem Objekt im grammatikalischen Sinne. Und die Antwort der Psychoanalyse lautet: Das Es treibt das Ich. Das Ich wird so aber auch zum Objekt im psychologischen Sinne! Und es wird dies dermaßen, dass in der psychoanalytischen Perspektive sein Subjektcharakter schließlich völlig wegeskamotiert erscheint; ja es wird sogar das Ich schließlich so aufgefasst, dass es selber und seinerseits als von Trieben (»Ich-Trieben«) aufgebaut gedacht wird. Der psychoanalytischen Konzeption vom menschlichen Sein wesentlich als einem Getriebensein setzen wir das entgegen, was etwa Jaspers gemeint hat, wenn er vom menschlichen Sein als einem »entscheidenden Sein« sprach – einem Sein, das nicht schlechthin ist, vielmehr jeweils noch entscheidet, was es ist. Wir sprechen vom menschlichen Sein als einem Verantwortlichsein, und zwar auf dem Grund eben der wesenhaften Freiheit des Menschen.

Wobei das Verhältnis zwischen Freiheit und Verantwortlichkeit sich darin kundgibt, dass die Freiheit nicht nur Freiheit-von ist, sondern zugleich Freiheit-zu, und die Übernahme von Verantwortung eben das ausmacht, »wozu« der Mensch frei ist. So haben wir der Psychoanalyse Freuds eine Analyse entgegenzustellen, die eine Analyse des Menschseins auf Verantwortlichsein hin ist. Diese Seinsweise des Menschen jedoch, die ihren letzten angebbaren Grund im Phänomen des Verantwortlichseins hat, wird Existenz genannt. So ergibt sich, dass der Psychoanalyse eine Existenzanalyse zu folgen hat, als Analyse des menschlichen Daseins jenseits des bloßen Getriebenseins. Man wird nun einwenden, dass Existenz sich nicht analysieren, sondern höchstens »erhellen« lasse. Aber wir verstehen unter Analyse ja schon längst nicht mehr Analyse im Sinne der atomistischen Auffassung Freuds. Sondern wir gebrauchen das Wort Analyse im Sinne eines Herausstellens desjenigen, was im Wesen von Existenz implizite bereits enthalten ist.

Die Freiheit aber, die als Grundlage des wesenhaften Verantwortlichseins des Menschen von der Existenzanalyse immer wieder und so auch in den neurotischen Daseinsweisen gesehen und herausgestellt wird, diese Freiheit ist eine integrale: Auch dort, wo ich »getrieben« bin, auch dort ist sie irgendwie noch vorhanden; denn – ich lasse mich treiben! Der Verzicht auf die Freiheit und ihren Gebrauch ist eben selber ein freiwilliger Verzicht. Freiwillig erfolgt die Abdikation des Ich gegenüber dem Es. Daraus ergibt sich, dass die Freiheit den angeblich so übermächtigen »dämonischen

Mächten« der unbewussten Triebhaftigkeit sich entgegenzustellen vermag; ja dass alle Triebhaftigkeit daher von vornherein immer schon eine gestaltete, eine vom Ich her geformte ist. Wenn jemand also fragt, wie es denn möglich sei, dass sich das Ich den »Dämonen« gegenüber auf jeden Fall behaupten kann, dann verkennt er eben das Wesen der Freiheit des Ich als einer existenziellen. Aber der Psychologismus ist dadurch gekennzeichnet, dass er die geistigen Phänomene aus ihrem geistigen »Raum« hinabprojiziert in die Ebene des bloß Psychologischen. In solcher Projektion jedoch werden sie vieldeutig, und ohne Bezug auf den geistigen Inhalt, unter bloßer Bezugnahme auf den seelischen Akt, lässt sich nicht mehr feststellen, ob sie einer kulturellen Leistung entsprechen oder aber einem psychologischen Symptom. Genauso wie eine Kreisfigur in der Ebene insofern vieldeutig ist, als sie die Projektion sowohl eines zweidimensionalen Kreises als auch eines dreidimensionalen Zylinders, einer Kugel oder eines Kegels aus dem Raum bedeuten kann, genauso lässt sich innerhalb der psychologischen Ebene kein Unterschied mehr feststellen zwischen einem Dostojewski und irgendeinem anderen Epileptiker. Die psychologische Projektion beraubt unsere Betrachtung sonach um eine ganze Dimension, um die des Geistigen. Aber schon die bloße Objektivierung des menschlichen Seins lässt uns die Dimension, in der es »ist«, verlieren! Denn im Augenblick, wo wir das Ich zu einem Objekt machen, gehen wir seines eigentlichen Charakters verlustig. Dies ist auch der innere Widerspruch des Behaviorismus:

dass er das freie Sich-Verhalten des Menschen zu einem Sachverhalt – selber zu einem Sachverhalt gerinnen lässt!

Alle Objektivation menschlichen Seins, dies dürfen wir nie vergessen, trifft nur das So-sein, nicht aber das Da-sein. Das Dasein jedoch fällt mit dem So-sein nicht zusammen, es ist nicht So-sein, sondern immer auch »Anders-werden-Können«. Das Dasein ist über sein eigenes So-sein immer auch schon hinaus; die menschliche Existenz geht in ihrer eigenen Faktizität niemals völlig auf – Mensch sein heißt nicht: faktisch sein, sondern fakultativ sein! Die Psychoanalyse jedoch, aus ihrer wesentlich psychologistischen und objektivierenden Haltung heraus, muss die menschliche Existenz aus dem Blick verlieren; denn die Psychoanalyse visiert immer nur das Psychologische in seiner Tatsächlichkeit an und begibt sich so des Blickes für das Existenzielle in seiner Möglichkeit. Wir aber haben mit unserer kurzen Untersuchung versucht, jenen notwendigen Weg aufzuzeigen, der uns in unserem Bild vom Menschen seine Existenz als die eigentlich menschliche Seinsweise in den Blick bekommen lässt, mit anderen Worten: den Weg von der Psychoanalyse zur Existenzanalyse.[3]

Ex definitione zielt die Existenzanalyse auf ein Bewusst-Sein des Verantwortung-Habens. Verantwortung aber hat der Mensch angesichts seiner Endlichkeit. Die Endlichkeit des Menschen jedoch ist vor allem gegeben in der Zeitlichkeit seiner Existenz. Sie tritt uns in erster Linie gegenüber als Sterblichkeit. Von ihr aber wissen wir, dass gerade sie es ist, die die Verantwortung des Menschen überhaupt erst ausmacht. Denn der Mensch, der unsterblich wäre, könnte mit Recht alle Gelegenheiten zur Wertverwirklichung ungenützt vorübergehen lassen, denn es käme niemals darauf an, dass er etwas eben jetzt tut – er könnte es genauso gut erst irgendwann später tun. Nur angesichts der zeitlichen Endlichkeit unseres Daseins ist es möglich, mit einer Art kategorischem Imperativ die menschliche Verantwortung zu ihrer ganzen Fülle aufzurufen, wie mit dem folgenden Imperativ: *Handle so, als ob du zum zweiten Mal lebtest und das erste Mal alles so falsch gemacht hättest, wie du im Begriffe bist, es zu tun.*

Aber es geht weniger um den Tod und überhaupt um das, was der Mensch vor sich hat, als um das, was der Mensch hinter sich bringt. Es geht um die Verantwortlichkeit angesichts der Vergänglichkeit! Denn auch diese Vergänglichkeit ist nichts, was die Verantwortungsfreude lähmen könnte. Im Gegenteil. Was vergänglich ist, sind allein die Möglichkeiten zur Wertverwirklichung; aber indem wir sie verwirklichen, retten wir sie nachgerade in die Wirklichkeit hinein – in die Wirklichkeit des Vergangen-Seins! Denn in der Vergangenheit sind sie aufgehoben durchaus im Hegel'schen Doppelsinn, der auch »aufbewahren« meint. Denn das Vergangen-Sein ist vielleicht die sicherste Form von Sein überhaupt. Denn was vergangen ist, lässt sich nimmermehr aus der Welt schaffen; kommt es aber unserer Verantwortung nicht gerade deshalb darauf an, es eben *in* die Welt zu schaffen?

Wir haben die Verantwortung als das Wozu der Freiheit bezeichnet. Nun aber ergibt sich die letzte Frage: die Frage nach dem Wovor der Verantwortung. Und auf diese Frage muss die Existenzanalyse die Antwort schuldig bleiben. Die Frage bleibt offen. Sie wird offen gehalten von der Existenzanalyse genauso wie – die Türe zur Transzendenz. Denn es kann nur Sache einer Existenzanalyse als einer in erster Linie psychotherapeutischen Methode sein, gleichsam das Zimmer der Immanenz einzurichten – freilich ohne dass die Türe zur Transzendenz hierbei verstellt wird. In der Transzendenz jedoch ist – das Absolute. Und das Absolute bleibt in der Transzendenz. Keinesfalls ist das Transzendente in einer Dimension, in die sich die Existenzanalyse wagen dürfte – vielleicht ist das Absolute überhaupt nicht in einer Dimension, sondern – das Koordinatensystem selbst … Trotzdem muss es auch einer Existenzanalyse, die sich an das Absolute als solches ihrer Aufgabe gemäß nicht heranwagen darf, darauf ankommen, wenigstens eines zu tun: dafür zu sorgen, dass das Relative relativiert bleibe. Denn es ist wahrscheinlich, dass eine jede rein immanente Perspektive, die sich ihres Angrenzens an das Transzendente nicht einmal bewusst wird, dass jede *rein* immanente Perspektive von vornherein eine *verzerrende* Perspektive ist. Und wenn man einmal der Theologie Anthropomorphismus vorgeworfen hat, so wollen wir es nicht darauf ankommen lassen, dass man der Anthropologie nun Theomorphismus vorwerfen kann. Dass wir nämlich in unserer Wesenslehre vom Menschen – nachdem wir das Schicksalhafte im biologischen, psychologischen und soziologischen Sinne relativiert haben – nunmehr seine Freiheit all diesem Schicksal gegenüber ihrerseits absolut setzen! Wir sehen sonach, dass auch dann, wenn die Gefahr des Biologismus, Psychologismus und Sozialismus gebannt ist, wir noch immer von einer letzten Gefahr bedroht bleiben: der Gefahr eines Anthropologismus.

Auf die letzte Frage bleibt also die Existenzanalyse als solche die Antwort schuldig. Der Ort, zu dem sie den Menschen zu bringen vermag, ist keine letzte, keine Endstation. Aber – von dieser Station aus mag er immerhin »direkten Anschluss« erhalten, in Richtung auf das Transzendente zu. Denn diese Station liegt immerhin »auf der Strecke« nach dem Absoluten hin – dem Absoluten, das erst im religiösen Erleben erfasst wird.

Worauf es uns hier allein ankommt, ist der Nachweis, dass es keinen Gegensatz geben kann zwischen dem verantwortungsbewussten Erleben und Handeln des nicht religiösen Menschen und dem des religiösen. Das religiöse Erlebnis, die religiöse Dimension, kann jeweils vielmehr nur in einem zusätzlichen Verhältnis stehen.[4] Wir sehen das ganz genau daran, wie beide, der nicht religiöse wie der religiöse Mensch, ihr Dasein erfahren: der eine als bloße Aufgabe und somit als Anruf seiner Verantwortung, der andere – eben zusätzlich – jene Instanz mit hinzuerlebend, welche die Aufgabe stellt – die Aufgabe, die nun als göttlicher Auftrag erlebt wird.

Immerhin gibt es auch »im Raum der Immanenz«, mit dem allein es die Existenzanalyse zu tun bekommt, so etwas wie den Grenzfall eines »Wovor« der Verantwortung: das Gewissen. Das Gewissen verweist nämlich über sich und aus der

Immanenz hinaus; wir sehen dies deutlich, sobald wir es als eine Art moralischen Instinkts auffassen.

Stelle ich mir zur Aufgabe, Papiertüten zur Verpackung einer Ware herzustellen, dann werde ich hierzu eine gewisse Intelligenz benötigen, die immerhin so gering ist, dass ich etwa auch einen Idioten[5], den ich in einer Nervenheilanstalt im Sinne der Beschäftigungstherapie behandle, mit dieser Aufgabe betrauen kann. Stelle ich mir hingegen zur Aufgabe, eine Maschine zu konstruieren, welche die Herstellung dieser Papiertüten selbsttätig bewerkstelligen soll, dann werde ich jedenfalls eine Intelligenz von wesensverschieden höherem Grade dazu benötigen, um diese Maschine zu konstruieren. Analog steht es nun mit der sogenannten Weisheit der Instinkte. Es gibt bekanntlich eine Käferart, deren Weibchen aus Blättern in bestimmter Weise (gemäß einer »irrationalen« Kurve, die selbst Mathematikern Kopfzerbrechen verursacht) Stücke herausschneiden, die sie zu Tüten rollen, in denen sie ihre Eier sicher ablegen können. Müssen wir uns da nicht fragen: Ist schon die Leistung dieses so »weisen« Instinkts erstaunlich – wie unvergleichlich höheren Rang muss erst jene Weisheit haben, die doch diesen Instinkt gleichsam gestiftet hat? … Wir sehen also, wie der Instinkt, auch der moralische, das Gewissen, über sich und aus der Immanenz hinaus, in eine Transzendenz verweist.

Wenn vorhin die Rede war vom religiösen Menschen als einem, der gleichsam mehr erlebt, mehr sieht als der nicht religiöse – indem er noch den Auftraggeber hinzuerlebt –, dann darf aus dieser »Überlegenheit« des religiösen Erlebens gegenüber dem nicht religiösen sicherlich nicht Überheblichkeit gefolgert werden. Vielmehr kann die Haltung des religiösen Menschen gegenüber dem nicht religiösen billigerweise nur eine sein: Toleranz. Denn schließlich ist auch die natürliche Einstellung des Sehenden gegenüber dem Blinden nicht Verachtung, sondern Mitleid und Hilfsbereitschaft.

Aber wir sprechen vom Religiösen, als ob er – dem Nicht-Religiösen gegenüber – der Sehende wäre. Und dies ist falsch. Wie falsch, das möge an folgendem Gleichnis erhellt werden. Wenn es wahr ist, dass die Menschen im Leben so stehen wie die Schauspieler auf einer Bühne, dann erinnern wir uns doch daran, dass der Schauspieler – geblendet vom Rampenlicht – anstelle des Zuschauerraums nichts sieht als ein großes schwarzes Loch. Er sieht nie, »vor wem« er spielt. Und ergeht es dem Menschen nicht ähnlich? Auch er – geblendet vom »Schein« der Alltäglichkeit – sieht nicht, »vor wem« er die Verantwortung seines Daseins »trägt« (wie der Schauspieler seine Rolle trägt): Er sieht nicht, vor wem er agiert! Und doch gibt es immer wieder Menschen, die meinen: Genau dort, wo wir »nichts« sehen, genau dort sitzt der große Zuschauer und sieht uns zu, unverwandt. Diese Menschen sind es, die uns zurufen: Gebt acht – ihr steht vor offenem Vorhang!

Gewidmet dem Freunde Hubert Gsur.

Sinn und Verantwortung angesichts der Vergänglichkeit

VIER

Editorische Notiz des Verlags

In »Bewältigung der Vergänglichkeit« greift Viktor E. Frankl das Thema Vergänglichkeit wieder auf. Er spricht hier von der Bedeutung von Sinn und Verantwortung im Angesicht der Sterblichkeit des Menschen. Ein später Text von Frankl, den er als Vortrag in Dornbirn am 23. Oktober 1984 hielt.[1]

Bewältigung der Vergänglichkeit

Herr Dr. Köb, meine Damen und Herren, ich danke Ihnen für den freundlichen Empfang und möchte gleich eingangs feststellen, dass das Thema beziehungsweise der Titel nicht lautet »Vergangenheitsbewältigung«, sondern »Vergänglichkeitsbewältigung«. Es soll also nicht die Rede sein von der Bewältigung der Vergangenheit oder gar der eigenen Vergangenheit, sondern: wie der Mensch imstande ist, die Vergänglichkeit des menschlichen Daseins, die Vergänglichkeit des Lebens zu bewältigen – das heißt, mit diesem Faktum zurande zu kommen, fertigzuwerden damit, dass menschliches Leben wesentlich vergänglich ist. Oder mehr pointiert: wie der Mensch dorthin gelangt, wo er trotz der Vergänglichkeit des Lebens Ja sagen kann zu ihm, wie er trotz seiner eigenen Sterblichkeit sein Leben zu bejahen vermag.

Nun, angesichts des Todes soll das Leben bewältigt werden. Aber wir dürfen dabei nicht vergessen, dass das Leben selbst ein ständiges Sterben ist, ein ständiges Absterben von etwas, das oder jemand, der oder die einem lieb geworden ist. Das Leben des Menschen, könnte man sagen, ist ein ständiges Abschiednehmen. Und das nicht nur im Sinne der beiden großen Zielsetzungen, die Freud seiner eigenen Theorie und Therapie, der Psychoanalyse, vorgegeben hat, nämlich Arbeitsfähigkeit und Genussfähigkeit; sondern es ist auch so, dass wir uns mit der *Leidens*fähigkeit des Menschen auseinandersetzen müssen. Der Tod ist nur ein Endpunkt des ständigen Abschiednehmens, dieses ständigen Prozesses von so etwas wie Absterben. Und die Frage lautet im Grunde, ob nun eben diese Vergänglichkeit, eben diese Sterblichkeit rückwirkend – also noch weit vor dem Schlusspunkt und seiner Erreichung – nicht das Leben einfach lebensunwert macht, es ent-wertet oder es ent-sinnt, ihm den ganzen Sinn nimmt und raubt. Das ist die erste Frage, die wir uns selbst stellen müssen. Und ich möchte von der These ausgehen, dass der Tod nicht nur dem Leben den Sinn nicht zu nehmen vermag, sondern dass er ihm auch einen Sinn *gibt*.

Stellen Sie sich doch nur vor, was geschähe, wie das Leben aussähe, wenn es keinen Tod gäbe. Stellen Sie sich vor, was das hieße, wenn Sie alles und jedes aufschieben könnten, und zwar ins Unendliche aufschieben könnten. Nichts müssten Sie heute oder morgen tun und besorgen. Alles könnte genauso in einer Woche, in einem Monat, in einem Jahr, in einem Jahrzehnt, in 100 oder 1 000 Jahren geschehen. Nur angesichts des Todes, nur unter dem Druck der Endlichkeit, der zeitlichen Endlichkeit menschlichen Daseins hat es überhaupt einen Sinn, zu handeln, und nicht nur zu handeln, sondern auch zu erleben, nicht nur zu erleben, auch zu lieben und auch irgendetwas, was uns auferlegt ist, tapfer durchzustehen und durchzuleiden.

Vielleicht verstehen Sie jetzt, wie die Logotherapie, diese Richtung der Psychotherapie, dazu kommt, einen kategorischen Imperativ, also eine Maxime, eine Handelns-, eine Verhaltensvorschrift aus philosophischem Geist heraus, so etwa in der Tradition von Immanuel Kant, aufzustellen. Und dieser Imperativ, diese Mahnung lautet: »Lebe so, als ob du bereits zum zweiten Mal lebtest, und als ob du das erste Mal alles genauso falsch gemacht hättest, wie du im Begriff bist, es jetzt falsch zu machen.«

Verstehen Sie, was das heißt? Verstehen Sie, welchen Appell an das Verantwortungsbewusstsein, das menschlichem Dasein so wesentlich zugrunde liegt, was für einen mächtigen, kraftvollen Appell das bedeutet, dass man nämlich aus der gegebenen Situation sehr bedacht das möglichst Beste an Sinn herausschlägt, die Sinnmöglichkeit der gegebenen Situation zu verwirklichen versucht aus dem Geiste der Verantwortung heraus – und das heißt mitunter, das Steuer noch im letzten Moment herumreißen, im Hinblick darauf, dass die Gefahr besteht, dass man etwas so schlecht macht, wie man es einmal bedauern könnte, aber wie man es nie wieder gutmachen kann.

Sehen Sie, das geht bis in banale Situationen hinein. Verzeihen Sie, wenn ich persönlich werde, aber ich möchte Ihnen illustrieren, wie das in der Praxis, im Alltag ausschaut. Vor vielen Jahren schickt mir ein Freund seinen Sohn: Sprich dich einmal – Onkel Viktor hieß ich – sprich dich einmal mit Onkel Viktor aus. Der Sohn war in Gefahr, hineinzuschlittern in die Drogenszene, in Gefahr, in eine kriminelle Gang abzuwandern. Es war wirklich eine gefährliche Situation. Ja, was soll ich mit dem Burschen tun? Ich bin doch kein Präzeptor oder weiß Gott was. Was soll ich ihm denn sagen? Und ganz improvisierend habe ich ihm einfach Folgendes gesagt: Du weißt, weshalb du da herkommst. Was soll ich dir sagen? Das Einzige, was ich dir sagen kann, ist: Denk an Folgendes. In fünf, in zehn, in 20 Jahren gibt es zwei Möglichkeiten für dich. Entweder du wirst dir selber sagen: »Erinnerst du dich, wie du damals beim Onkel Viktor warst und dass du ein bisschen dein Leben überdacht hast? Wie gut, dass du da im letzten Moment dich zurückgerissen hast vor dem oder jenem.« – Oder aber du wirst in zehn, in 20 Jahren sagen: »Was für ein Idiot war ich, wie ich damals beim Onkel Viktor war. Der hat mir die verschiedenen Möglichkeiten aufgezeigt, den Kreuzweg, die Weggabelung vor Augen geführt – und ich Trottel bin weiter meinen Trott gegangen.« Diese zwei Möglichkeiten stehen vor dir. Mehr will ich nicht, als dass du das bedenkst.

Es ist schwer zu sagen, was Ursache ist, was Folge ist. Ob das zumindest katalytisch, wie in einem chemischen Prozess rein auslösend auf ihn gewirkt hat oder nicht oder ob es ihm bei einem Ohr hinein-, beim anderen hinausgegangen ist, das ist alles schwer zu sagen.

Es gibt einen theologischen Begriff, der mich immer schon fasziniert hat, das ist der Begriff des *mysterium iniquitatis*, das heißt das Geheimnis der Sünde, der Schuld. Sie können eine kriminelle Handlung niemals bis in die letzten Verzweigungen von Ursachennetzen auflösen. Denn das hieße doch, dem Betreffenden den letzten Rest von menschlicher Würde rauben. Verstehen Sie das? Das heißt ja, Sie machen aus ihm eine Maschine, einen Apparat, einen Mechanismus, der nun einmal unter dem Einfluss dieser soziologischen und psychologischen oder biologischen Faktoren und Fakten so und nicht anders konnte, nicht anders handeln beziehungsweise sich verhalten konnte. Damit leugnen Sie doch die Freiheit eines Menschen, sich zu entscheiden. Damit nehmen Sie ihm doch von seinen Schultern die Verantwortung, sich möglichst sinnvoll, möglichst seinem Selbst – im besten Wortsinn – entsprechend zu verhalten. Das rauben Sie ihm. Sie glauben, Sie tun ihm einen humanitären Dienst. Aber Sie dehumanisieren und depersonalisieren ja einen solchen Menschen, einen solchen Kriminellen.

Aber es geht auch ganz anders. Auf das möchte ich nicht eingehen, ich will nur sagen: Ein letzter Rest von unerklärbar freier Entscheidung steht da, liegt da, ist vorhanden auch bei der ärgsten kriminellen Untat. Und wenn Sie das nicht sehen oder sehen wollen, einer bestimmten Ideologie zuliebe, die Ihnen der Determinismus vorschreibt, dann werden Sie nie an den Persönlichkeitskern eines Kriminellen herankommen, da helfen Ihnen keine Schlagworte wie Sozialisierungsprozesse und so weiter.

Es geht darum, dass Sie im Menschen das Menschliche sehen lernen und nicht vergessen, es zu sehen. Bis zuletzt, bis zu seinem letzten Atemzug und auch noch in einem psychisch kranken Individuum und auch noch in einem längst schon kriminell abgeglittenen Individuum. Das Menschliche, das bleibt.

Von den Möglichkeiten, einen Sinn zu erfüllen, habe ich vorhin gesprochen. Die müssen wahrgenommen werden, die müssen verwirklicht werden, erfüllt werden. Und das ist die Aufgabe des Menschen in jeder einzelnen Lebenssituation. Aber wenn sie einmal erfüllt worden sind, wenn wir eine solche Möglichkeit einmal in eine Wirklichkeit umgesetzt haben – *einmal* sage ich –, dann haben wir es ein für alle Mal getan. Das bleibt, das kann dann niemand mehr ungeschehen machen, das kann niemand mehr aufheben. Das haben wir hineingerettet ins Vergangen-sein. Dort ist es aufbewahrt, dort ist es gerade bewahrt vor der Vergänglichkeit.

Denn nur die Möglichkeiten sind zu erfüllen, sind vergänglich. Aber wenn wir eine solche Möglichkeit verwirklicht haben, haben wir sie unvergänglich gemacht, haben wir sie nicht nur ver-wirklicht, sondern wir haben sie ver-ewigt. In der Vergangenheit ist ja nichts, wie man so oft glaubt, unwiederbringlich verloren, sondern im Gegenteil: Es ist unverlierbar geborgen, es ist dort aufbewahrt und vor dem Zugriff der Vergänglichkeit – und das ist ja unser Thema – bewahrt. Vergangensein ist auch noch eine Form des Seins, und ich würde sogar behaupten, die *sicherste* Form des Seins. Ich pflege das so auszudrücken, in Form eines Gleichnisses: Für gewöhnlich sehen die Menschen nur die Stoppelfelder der Vergänglichkeit. Und sie übersehen die vollen Scheunen des Vergangenseins, in die sie die Ernte ihres Lebens schon längst hineingerettet, eingebracht haben. Die Erlebnisse, die Taten, die Werke, die sie vollbracht haben, nichts und niemand kann ihnen das je nehmen und rauben, ungeschehen machen oder rückgängig machen – oder wie es einmal im Text in einer von Gustav Mahlers Symphonien heißt: »Nichts ist umsonst, was du erstritten, was du geliebt, was du erlitten.« Das heißt, das Leben hat und behält seinen Sinn trotz seiner Vergänglichkeit.

Jetzt müssen Sie aber die Frage, ob dem auch wirklich so sei, noch hinterfragen. Sie müssen sich fragen: Gut, das Leben kann seinen Sinn trotz seiner Vergänglichkeit behalten. Aber wozu soll es überhaupt einen Sinn haben? Brauchen wir im Leben überhaupt einen Sinn? Mit einem Wort, Sie fragen *nach dem Sinn des Sinnes.*

Sie fragen so wie jemand, der einem alten Witz zufolge bei einem Fußballmatch sitzt und der sehr cholerischer Natur ist, sehr aufbrausend und jähzornig. Und auf einmal ist irgendetwas los und er springt auf und schreit: »Zawos hab ma an Schiedsrichter?« – also: »Wozu haben wir einen Schiedsrichter, warum interveniert der nicht?« – Hinter ihm sitzt ein Mittelschulprofessor, der klopft ihm auf die Schulter und sagt belehrend: »WOZU!« – Ein paar Minuten später springt der Choleriker wieder auf – es gibt unten eine kleine Rauferei – und schreit: »Zawos hab ma a Polizei?« – Der Zuschauer hinter ihm tippt ihm wieder auf die Schulter: »WOZU!« – Ein paar Minuten später wird einer verletzt, weggetragen vom Spielfeld, schreit er: »Zawos hab ma Sanitäter?« – »WOZU!«

Darauf dreht er sich um und sagt: »Zawos sagen Sie mir immer WOZU?«

Also das war das Wozu des Wozu – die Frage nach dem Sinn des Sinns. Ein Meta-Sinn, das steht hier zur Diskussion. Nun kann ich Ihnen das leicht beantworten: Eine, sagen wir, phänomenologische Rückbesinnung auf einen fundamental anthropologischen Urtatbestand – ich werde Ihnen das gleich verdeutschen – zeigt uns Folgendes: Im Grunde ist der Mensch ein Wesen, das unentwegt nach Sinn strebt, das Sinn sucht. Der Mensch ist, eleganter formuliert, ein sinnorientiertes Wesen, und wenn er auf dieser seiner Suche nach Sinn fündig wird, dann wird er glücklich. Nebenbei bemerkt: *nur* dann. Denn wenn er nach Glück strebt, und in dem Maße, in dem er das tut, *kann* er gar nicht glücklich werden, weil er keinen Grund dazu hätte. Aber paradoxerweise, ironischerweise, wird der Mensch, der einen Sinn gefunden hat, nicht nur glücklich, sondern ebenso sehr auch, umgekehrt, eminent leidensfähig – im psychologischen Fachjargon: er wird *frustrationstolerant*. Er kann Entbehrungen auf sich nehmen um eines Sinnes willen. Er kann Opfer bringen um eines Menschen willen, um Gottes willen. Er kann Verzicht *leisten,* um einer Sache willen. Also er wird nicht nur glücklich, wenn er einen Sinn vor Augen hat, sondern in eben demselben Maße auch, umgekehrt, leidensfähig.

Der größte Chirurg aller Zeiten, Cushing, hat einmal in hohem Alter zu seinem ehemaligen Assistenten gesagt: »The only way to endure life is always to have a task to complete.« –

Die einzige Möglichkeit, das Leben zu ertragen, ist, immer eine Aufgabe zu erfüllen zu haben.

Wenn also der Mensch fündig geworden ist auf der Suche nach einem Sinn seines Lebens, unter Umständen seines Sterbens, dann wird er glücklich und eben auch leidensfähig. Aber nicht nur wird er dann leidensfähig, fähig, zu leiden, sondern umgekehrt: Wenn er *keinen* Sinn zu sehen vermag, wenn er nicht die Vision irgendeiner persönlich ihn ansprechenden, freiwillig gewählten Lebensaufgabe vor Augen hat, dann ist er nicht nur unfähig, zu leiden, sondern er ist unfähig, zu leben. – Das sagt Ihnen kein »Psychiker«, das sagt Ihnen ein Physiker, das ist nämlich ein wörtliches Zitat von Albert Einstein: »Der Mensch, der keinen Sinn für sein Leben gefunden hat, ist nicht nur unglücklich, sondern lebensunfähig.«

Und mit dieser Tatsache, mit dieser Wahrheit bekommen wir Nervenärzte es täglich und stündlich – sprechstündlich! – zu tun, möchte ich sagen.

Denken Sie an aktuelle Probleme, zum Beispiel an die Arbeitslosigkeit. Denken Sie daran, dass ich vor mehr als einem halben Jahrhundert die sogenannte Arbeitslosigkeitsneurose beschrieben und auch so benannt habe – in der Zeitschrift *Sozialärztliche Rundschau* –, und da konnte ich etwas Interessantes nachweisen. Und glauben Sie mir – in aller Welt erscheinen Bücher über das Phänomen der Arbeitslosigkeit vom psychologischen Standpunkt –, das gilt ein halbes Jahrhundert später genauso wie damals. Es hat sich nämlich bereits damals herausgestellt, dass der Arbeitslose, der in eine Depression verfällt, die bis zur Suizidgefahr reicht, gar nicht so sehr unter der Arbeitslosigkeit an sich leidet, sondern im Wesentlichen hat nur eines die eigentliche Depression verursacht: eine doppelte Identifizierung. Er setzt nämlich gleich: *arbeitslos sein* heißt *nutzlos sein*, und *nutzlos sein* heißt *sinnlos leben*. Und daraufhin ist er deprimiert. Und daraufhin und erst dann und nur dann, wenn er dieser doppelten Gleichsetzung zum Opfer fällt, ist er selbstmordgefährdet. Es ist mir damals mit Ach und Krach gelungen, diese jungen Leute oft irgendwie hineinzuschwindeln in Jugendorganisationen, in öffentliche Büchereien, in Volkshochschulen, als »Ordner«, wie man das damals nannte. Also freiwillig, ohne einen Groschen dafür zu bekommen, haben sie diese Funktionen, die sie für sinnvoll gehalten haben, übernommen. Der Magen hat ihnen nach wie vor geknurrt, aber die Depression war wie fortgeflogen. Ich hätte das, wenn ich es nicht mit eigenen Augen beobachten hätte können, auch nicht geglaubt. Nun stellen Sie sich vor: Wir leben ja in einer sogenannten Freizeitgesellschaft. Die Leute wissen schon nicht mehr, was sie anfangen sollen mit der freien Zeit. In dieser freien Zeit bricht diese innere Leere, dieses weltweit um sich greifende Sinnlosigkeitsgefühl ja erst auf, in Form der Sonntagsneurose, der »Weekend Depression«. – Aber man will das Arbeitslosenproblem einfach kurieren mit Arbeitszeitverkürzung! Wo wir schon ohnehin so viel zu tun haben mit der Pensionierungskrise, die ja auch eine existenzielle, eine Sinnkrise darstellt, wenn die Leute womöglich von einem Tag auf den anderen nicht wissen, was sie mit dem plötzlichen Anfall von Freizeit anfangen sollen. Also die Frühpensionierung und so weiter – das sind alles Probleme, die man nicht nur sozialpolitisch lösen kann, indem man sie abfängt mit dem sozialen Netz. Dieses Netz ist zu weitmaschig, als dass die psychischen Probleme, die das Ganze begleiten, nicht durchfallen würden. Das heißt, dass wir auch diese Problematik berücksichtigen müssen, in welche Richtung immer wir die sozialpolitischen Probleme an sich zu lösen versuchen.

Mit der Pensionierungskrise befinden wir uns bereits im Vorfeld der Gerontopsychiatrie, der psychiatrischen Probleme und der Prophylaxe bei alten Menschen.

Die Probleme sind, wie gesagt, im Laufe eines halben Jahrhunderts im Wesentlichen dieselben geblieben, aber die Terminologie hat sich geändert. Man spricht zum Beispiel heute nicht mehr wie damals von »Siechenheimen«, sondern von Altersheimen und Ähnlichem. Aber zu der Zeit, als es noch »Siechenheime« unter diesem Namen gegeben hat, habe ich einmal eine alte Dame in einem solchen Heim gefragt: »Wie geht es Ihnen, was machen Sie so den ganzen Tag?« Daraufhin sagte sie: »Mein Gott, Herr Doktor, bei Nacht, da schlaf ich, und bei Tag – da siech ich.« – Das war der ganze Lebensinhalt geworden …

Man sieht, gerontopsychiatrisch sind das alles ganz essenzielle Probleme, schon deshalb, weil ja die Lebenserwartung nicht zuletzt davon abhängt, ob jemand nach wie vor, auch in der Pensionierungszeit, im Angesicht von Werten, von Sinnmöglichkeiten, von Aufgaben steht oder nicht.

Und umgekehrt: Ich werde nie vergessen, dass ich einmal gelesen habe, dass Goethe den zweiten Teil seiner Tragödie »Faust« nach sieben Jahren Arbeit im Jänner 1832 abgeschlossen hatte. Und nur zwei Monate nachdem er das fertige Manuskript verschnürt und versiegelt hatte, war er tot. Man kann ruhig sagen, dass er zumindest einen Teil dieser sieben Jahre eigentlich »über seine biologischen Verhältnisse« gelebt hatte. Aber die Vision dieser Aufgabe des zu vollendenden Lebenswerks hat ihn nicht losgelassen, ihn aufrechterhalten.

Das gilt nicht nur fürs aktiv sein, sondern auch fürs rezeptiv bleiben. Ich weiß nicht, ob ich jemals einen alten Herrn gesehen habe, der mich so beeindruckt hätte wie der seinerzeitige Professor Berze, der langjährige Direktor der großen Psychiatrischen Anstalt bei Wien, des sogenannten Steinhof. Professor Berze war weit über 90, als ich ihn das letzte Mal sah, und ich werde nicht vergessen, wie viele Fachbücher aufgetürmt lagen auf seinem Schreibtisch. So etwas habe ich bei weit jüngeren Kollegen niemals erlebt. Er hat in seinem Fach ununterbrochen weitergearbeitet und studiert. Und hier, in der Nähe der Schweizer Grenze, möchte ich das der Pikanterie halber erzählen dürfen: Er und ich waren – davon bin ich überzeugt – zumindest in Wien, wenn nicht in Österreich die Einzigen, die das wunderbare Werk von Ludwig Binswanger, »Erkenntnis und Formen menschlichen Daseins«, von A bis Z Wort für Wort gelesen haben. Das Buch ist über 800 Seiten stark – in Zürich hat man es nur das »Telefonbüchle« genannt. Professor Berze war damals 90, und ich war damals um die 40; also das hat er mir ein halbes Jahrhundert voraus vorgemacht.

Nehmen Sie es mir nicht übel, wenn ich manchmal solche persönlichen anekdotischen Bemerkungen einflicke. Aber ich kann ja nicht ununterbrochen von der »phänomenologischen Analyse des präreflexiven ontologischen Selbstverständnisses« sprechen. Ich möchte es gern, aber ich schreibe lieber darüber und rede über andere Sachen. (...)

Sie dürfen mich auch nicht missverstehen: Ich bin nicht so übersimplifizierend, wie ich klinge oder wie ich scheine. Ich leugne ja nicht, dass selbst ein Professor Berze Defekte aufzuweisen hatte, was die zerebrale Leistungsfähigkeit anlangt. Darum geht es auch gar nicht: *Kompensieren* konnte er sie, um mit den Restbeständen aber weit mehr anfangen zu können als der durchschnittliche junge Psychiater und Neurologe im damaligen Wien.

Und mir geht nicht aus der Erinnerung, was ich einmal erlebt habe vor einer ganzen Reihe von Jahren: Ich klettere auf einer Wand im Rax-Gebirge und der »Gruber Naz« hat mich damals geführt. Ignaz Gruber ist ein sehr bekannter Bergführer, der schon Touren im Himalaya und anderen Hochgebirgen geführt hatte. Und als er da am Sicherungsplatz sitzt und das Seil einzieht, schaut er mich mitleidsvoll an und sagt: »Sind's mir nicht bös, Herr Professor, aber wenn ich ehrlich sagen soll, Sie haben überhaupt keine Kraft mehr. Aber wissen's, wie Sie das wettmachen durch raffinierte Klettertechnik – ich muss schon sagen, von Ihnen kann man klettern lernen.« Ich bin fast explodiert vor Stolz – ein Himalaya-Expeditionsleiter sagt das mir! Aber er hat das ehrlich gemeint: Es gibt eben kompensatorische Mechanismen – »coping mechanisms«, die die Defekte der bloßen, groben Kraft nicht nur kompensieren, sondern sogar überkompensieren können. Und als ich ein paar Jahre später den Luis-Trenker-Kamin am zweiten Sella-Turm mit einem ladinischen Führer kletterte, fragte ich ihn nachher: »Jetzt sagen Sie mir ehrlich – soll ich aufhören?« – »Nur nit aufhören, nur nit aufhören!«

Damit möchte ich überleiten zu dem Problem des Aufhörens. Soll man aufhören? Es gibt Leute, die daran leiden, dass sie noch nicht einmal angefangen haben, noch gar nicht ihr eigenes Leben gelebt haben. Modisch hat das ein paar Jahre hindurch geheißen: die »Midlife-Crisis«. Und das schaut so aus: Vor vielen Jahren kommt ein hoher amerikanischer Diplomat zu mir in die Ordination und sagt, er möchte seine Psychoanalyse bei mir fortführen. Er war fünf Jahre auf der Couch eines Psychoanalytikers in Manhattan gelegen, und der hatte ihm gesagt: Die Psychoanalyse ist noch lange nicht beendet, er muss sie fortsetzen, wenn er nach Wien kommt. Und er kommt zu mir und ich frage ihn, warum er eigentlich psychoanalysiert werden wollte. Und er erzählt mir, dass er nicht zufrieden gewesen sei mit der amerikanischen Außenpolitik, und der Psychoanalytiker hätte fünf Jahre lang versucht, ihm das auszureden: »Schauen Sie, das ist gar nicht die Außenpolitik. Was Sie hassen, ist gar nicht das Government, ist gar nicht der Präsident, ist gar nicht der Außenminister, sondern es ist – Ihr Vater. Sie liegen im Streit mit Ihrer Vaterimago, glauben Sie mir. Sie müssen sich aussöhnen mit Ihrem Vater, und dann werden Sie auf einmal Gefallen finden an der amerikanischen Außenpolitik …« – Ich übertreibe natürlich, ich karikiere das, aber etwa so ist das fünf Jahre hindurch gegangen. Die haben die Realität nicht mehr gesehen, geschweige denn die politischen Fakten. Sie hatten nur mehr Imagines und Symbole gesehen, aber sie hatten den Wald der Wirklichkeit vor den Bäumen der Symbole gar nicht mehr wahrgenommen. Sie hatten sich eingesponnen in einen Kokon, in eine persönliche Monadologie, sich selbst nicht mehr transzendierend in die Realität, auch die politische Realität. Stattdessen hatten sie fünf Jahre hindurch über die Imagines und den Symbolwert von dem und jenem gesprochen, Träume analysiert, Kindheitserinnerungen und so weiter.

Ich habe den Mann gefragt: »Gut, also die Politik gefällt Ihnen längst nicht mehr. Und was würden Sie denn gerne tun?« – Er sagte, er möchte hinüberwechseln in einen bestimmten Industriezweig. Der interessiert ihn und er glaubt auch, dass er dafür begabt wäre, dass er dort seinen Mann stehen könnte. Nach der zweiten Besprechung – ich sage absichtlich nicht Sitzung, geschweige denn »Couch-Liegung« – hat er grünes Licht von mir bekommen, und er ist tatsächlich übergewechselt. Und ein halbes Jahr später bekomme ich aus einem weit entfernten Land einen Brief von ihm – er sei der glücklichste Mensch …

Sein Wille zum Sinn war frustriert worden, das war die ganze Geschichte. Und man hatte immer wieder gesucht: Es muss dahinter irgendetwas stecken, das mit den Kindheitskonflikten zwischen Ich, Es und Über-Ich zu tun hatte. Der Mann war nicht sinnerfüllt, und er hat genau gespürt: Jetzt ist die Grenze, jetzt ist die Wasserscheide da. Er muss sich jetzt entscheiden, so oder so, wenn er sich erfüllen will. Seine Midlife-Crisis, seine Krise der Lebensmitte, war in Wirklichkeit – und die meisten sind dies! – eine Sinnkrise.

Ein Gegenstück: Da gab es einen amerikanischen Stahlindustriellen, der unter anderem an der Entwicklung der ersten Atombombe beteiligt gewesen war. Seine Arbeit hat ihn nicht sehr befriedigt, da ist er evangelischer Pastor geworden. Aber er war auch damit nicht ganz zufrieden, da kam er für zwei Jahre nach Wien und hat bei mir studiert. Dann ist er zurückgegangen und ist Logotherapeut geworden, und als solcher spezialisierte er sich auf eine ganz bestimmte neue Branche: Er berät jene Leute – Industrielle, Manager, Führungskräfte –, die aus irgendwelchen Gründen aus ihren Firmen ausscheiden, anderswo eingegliedert werden müssen, und hilft ihnen, eine Lebenssinn-Erfüllung auf beruflichem Gebiet zu finden.

Rolf von Eckartsberg von der Harvard-Universität hat seinerzeit eine Dissertation geschrieben über 100 ehemalige Harvard-Studenten, die graduiert hatten und die dann 20 Jahre später berühmte und wohlbestallte Rechtsanwälte,

Chirurgen, auch Psychiater und Psychoanalytiker geworden waren. Die meisten von ihnen führten auch ein Privatleben, ein Eheleben, das total in Ordnung war. Jedenfalls hatten sie Karriere gemacht – und ein ganz erheblicher Prozentsatz von ihnen hat einfach darunter gelitten und ist darüber nicht weggekommen, dass ihr Leben ihnen sinnlos erschienen war.

Das ist aus folgendem Grunde wichtig: Diese Menschen verzweifeln oft, und ich behaupte nun – das ist eine These von mir, die ich natürlich nicht hier und jetzt beweisen kann –, dass jeder Verzweiflung eigentlich und letztlich zugrunde liegt: eine Vergötzung, nämlich die Vergötzung eines bestimmten Wertes.

Wann verzweifelt zum Beispiel typischerweise eine Frau? Es gibt Frauen, die verzweifeln, wenn sie keinen Mann finden, wenn sie keine Kinder bekommen, sei es verheiratet oder unverheiratet. (Das Letztere kommt ja immer mehr in Mode, und angeblich geht es schon wieder aus der Mode raus.) Jedenfalls: Eine Frau, die diesen Wert – verheiratet zu sein, Kinder zu haben – verabsolutiert und vergötzt, diese Frau stipuliert, dass das Leben einer Frau nur sinnvoll sein kann, wenn sie ein Kind hat oder wenn sie verheiratet ist.

Wenn man diese Werte – die gewiss solche sind – verabsolutiert, dann ist man programmiert für Verzweiflung. Es kommt also darauf an, dass man diesen Vergötzungsprozess rückgängig macht, dass man sich offen hält für die Sinnmöglichkeiten, die ja in jeder Stunde, in jeder Minute andere sein können und die auf jeden Fall von Mensch zu Mensch andere sind. *Hic et nunc*, hier und jetzt, offeriert mir das Leben einen Sinn – so oder so, indem ich aktiv bin, es gestalte, oder indem ich passiv, rezeptiv bin und Schönheit, Wahrheit durch Forschung, durch Wissenschaft oder indem ich die Wesentlichkeit eines Menschen, nicht nur in seiner Menschlichkeit, sondern in seiner Einmaligkeit und Einzigartigkeit in mich aufnehme und auf mich einwirken lasse – und das heißt, wenn ich liebe.

Das sind Sinnmöglichkeiten, aber nicht ausschließliche. Sie können sich in jedem Moment ändern. Jeden Moment kann das Angebot, das Sinn-Angebot meines Lebens ein anderes sein. Ich muss offen sein, ich muss aufgeschlossen bleiben, ich muss die Augen offen halten. Ich muss einen weiten Horizont haben, um zu bemerken, was sich tut, um zu bemerken, wann und wo bietet mir das Leben eine versteckte Sinnmöglichkeit an?

Das ist notwendig. Statt des Vergötzens, statt des Kaprizierens – ich muss ein großer Wissenschaftler werden oder mein Leben ist sinnlos; ich muss das oder jenes werden oder mein Leben ist sinnlos; ich muss um jeden Preis gesunde Kinder haben. Und wenn ich dann Gott behüte ein retardiertes Kind bekomme, dann ist mein Leben sinnlos, weil das Leben dieses Kindes sinnlos ist. Das gibt es nicht. Man muss flexibel bleiben, man muss elastisch bleiben. Man muss dankbar bleiben für das, was das Leben einem bietet, so oder so. Wie mein verstorbener Freund Paul Polak es einmal so schön gesagt hat: Du kannst dem Leben keine Bedingungen stellen.

Wir sprechen da vom Leben und seinem Sinn. Ich spreche als Arzt, ich spreche als Nervenarzt, als Neurologe. Ich kann natürlich nicht sagen, was der Sinn des Lebens ist. Den gibt es ja ohnehin nicht in der Weise, wie ich einen Schachmeister fragen könnte: Sagen Sie mir bitte, was ist der beste Schachzug der Welt? Da lacht er mir ins Gesicht. Das gibt es doch nicht. Alles hängt doch ab von der ganz spezifischen, ganz konkreten Situation und der Person des jeweiligen Spielers und auch seines Gegners, wie sie involviert sind in ein bestimmtes Spiel.

Also das gibt es nicht. Es gibt natürlich einen letzten Sinn des Lebens, aber es gilt ein Gesetz, das ich so formulieren möchte: Je umfassender der Lebenssinn ist, von dem wir sprechen wollen, umso weniger fasslich ist er, umso mehr entzieht er sich zumindest einem intellektuellen, einem rationalen Zugriff unseres beschränkten, endlichen Verstandes.

Aber wie ist das Verhältnis dieses End-Sinns, dieses letzten Sinns, dieses Über-Sinns, wie ich das nenne – das hat aber mit übersinnlich gar nichts zu tun, sondern meint nur über unser endliches Fassungsvermögen hinausgehend –, wie ist das Verhältnis dieses Übersinns zum konkreten Sinn, der mich persönlich anspricht, den ich aus einer gegebenen Situation herauszuspüren versuche? Dieses Verhältnis ist ganz einfach. Denken Sie an einen Film, einen Kinofilm. Dieser Film besteht aus Hunderttausenden oder Millionen von Einzelbildern. Und jedes dieser Einzelbilder, jede dieser einzelnen Szenen hat einen bestimmten Sinn, den können Sie erfassen. Den letzten Sinn aber, den erfassen Sie nicht, der kommt nicht zur

Kenntnis, bevor der Film aus ist. Das heißt, der End-Sinn, der Sinn des Ganzen und Großen, kann uns bestenfalls erst aufleuchten oder aufgehen, wenn wir auf dem Sterbebett liegen. Und trotzdem: Er könnte niemals in Erfüllung gegangen sein, wir könnten ihn niemals verwirklicht haben, wenn wir nicht unser ganzes Leben hindurch den Sinn jeder einzelnen Lebens-Szene, jeder einzelnen Lebenssituation zu erfüllen getrachtet hätten, nach bestem Wissen oder Unwissen, nach bestem Wissen und Gewissen. Das also ist das Verhältnis zwischen dem umfassenden und nicht mehr fasslichen End-Sinn und den konkreten, persönlichen »Sinngestalten« – denn die Sinnerfassung läuft auf eine Gestaltwahrnehmung hinaus, im Sinne der Koffka-Köhler-Wertheimer'schen *Gestaltpsychologie*, die kaum etwas zu tun hat mit der sogenannten *Gestalttherapie* – und das wage nicht nur ich zu behaupten, sondern das ist auch der Standpunkt von Michael Wertheimer, dem Begründer der Gestaltpsychologie.

Nun brauchen Sie sich auch diesen Sinn einer konkreten Situation, der uns anspricht, sozusagen anruft, nicht weiß Gott wie großartig vorzustellen. Ich spreche noch immer von der Vergänglichkeit unseres Daseins, das heißt von dem Imperativ, gerade diese flüchtigen, so vergänglichen Möglichkeiten einer Sinnerfüllung auch zu verwirklichen. Ich bin also noch immer beim Thema, wenn auch auf tausend Umwegen ... – Wie gesagt, dieser Sinn braucht gar nicht irgendwie großartig zu sein. Lassen Sie mich als konkretes Beispiel aus einem kleinen Büchlein über den Sinn des Lebens von Bischof Georg

Moser das Folgende zitieren. Er spricht von einem Müllmann, der vor einigen Jahren das deutsche Bundesverdienstkreuz verliehen bekommen hat. Dieser Müllmann sucht in den Mülltonnen und beim Sperrmüll das weggeworfene Spielzeug heraus, setzt es in den Abendstunden wieder instand und beschenkt bedürftige Kinder. Begabt mit Bastlergeschick, ringt er seinem Beruf einen zweiten Sinn ab: vorbildlich und ganz schlicht und einfach und anspruchslos, aber wirksam – sozial wirksam – und vor allem einmal sinnvoll.

Nun, nicht nur tätig können wir dem Leben einen Sinn abringen, sondern auch dadurch, dass wir etwas erleben, und, wie ich schon vorhin angedeutet habe, dadurch, dass wir lieben, also *etwas* erleben oder *jemanden* erleben, und jemanden in dieser Einmaligkeit und Einzigartigkeit erleben heißt, ihn lieben.

Aber wie sieht denn das zum Beispiel auch im Alltag aus? Und jetzt möchte ich wiederum besonders von alten Menschen sprechen. Ich habe da den Brief einer Frau vor mir liegen, die mir schreibt: »In 14 Tagen werde ich 87 Jahre alt. Aber für mich ist jeder Tag ein Geschenk und für ein Geschenk muss man doch dankbar sein. Sehen Sie, Herr Doktor, ich darf zum Himmel schauen, auf den herrlichen Park hinunterschauen, ich darf mit den Bäumen sprechen, ich darf nachmittags Freunde empfangen. Dem Ja sagen, zu allem, zu allem – dem gilt es. Warum das die meisten Menschen so schwer begreifen? Herr Doktor, ich bin taub. Dafür spricht mein Inneres. Ich kann fast nicht mehr gehen. Dafür darf ich denken. Und meine Dankbarkeit diesbezüglich ist einfach grenzenlos.«

Ein schlichter Brief, ganz anspruchslos. Die Frau ist schon tot. Sie hatte keine Ahnung, dass ich ihre Worte einmal verwenden würde. Also ohne großartigen Anspruch. Aber so sieht das Leben aus – wie bei dem Müllmann, dessen Leistung nur durch das Bundesverdienstkreuz und in den zehn Zeilen im Buch von Bischof Moser weiterlebt.

Ich möchte einen zweiten Brief exzerpiert vorlesen – zwei, drei Sätze daraus: Ein Mann, der in einem Zuchthaus in Florida eine therapeutische Selbsthilfegruppe aufgestellt hat und mir vor Kurzem berichtete, dass unter 20 Mitgliedern dieser Gruppe, die einander helfen, über ihre Kriminalität hinwegzukommen, nur ein Einziger rückfällig geworden ist, und der ist jetzt auch schon frei gegangen. Dieser Mann hat mir zuletzt geschrieben: »I was hospitalized in the Oncology Unit for eleven weeks. I had a lung adenoma diagnosed …« – Er war elf Wochen lang auf der Krebsabteilung eines Spitals gelegen, mit der Diagnose Lungenkrebs. – »Most luckily, I found a part-time job on the ocean.« – Er hat zum Glück in einem Restaurant am Meer eine Stelle als Tellerwäscher bekommen. Und dann schreibt er: »I enjoy the sunrises and sunsets. How very beautiful life is!« – Wie schön ist doch das Leben! Das schreibt ein zum Tode Verurteilter – nicht im Zuchthaus von Florida zum Tode verurteilt, sondern ein von seinen Krebszellen, von seinem Lungenkrebs zum Tode verurteilter Mann am Ende seines Lebens: Wie schön ist doch das Leben!

Wissen Sie jetzt, was ich meine? Nicht nur dadurch, dass wir eine Tat setzen, ein Werk vollenden, sondern auch durch Erleben und Lieben können wir Sinn herauspressen aus dem Leben, können wir Sinnmöglichkeiten gewahr werden. Das meine ich. Aber dieser Mann schreibt das. Das hat jetzt Fleisch und Blut. So ist das Leben, das sind nicht Phrasen, das sind nicht abstrakte Dinge, das sind Dinge, die von Menschen gelebt werden. Und er ist in einer hoffnungslosen Situation und schreibt so. Er ist das hilflose Opfer einer solchen hoffnungslosen Situation geworden – und trotzdem findet er Sinn!

Ja, man kann sogar in diesem Tatbestand eines unausweichlich tragischen Schicksals noch Sinn finden, indem man Zeugnis ablegt davon, wessen der Mensch fähig ist, nämlich eine persönliche Tragödie in einen Triumph zu verwandeln, aus einem Leiden auf menschlicher Ebene eine Leistung zu gestalten. Das ist möglich, und das ist bis zum letzten Atemzug möglich. Und das ist der Inhalt einer *Sinnlehre*, einer Lehre vom Sinn, die therapeutisch gerichtet ist gegen die *Sinnleere*, gegen das abgründige Sinnlosigkeitsgefühl von heute.

Aber diese Sinnlehre, die lehren nicht wir, auch wir Logotherapeuten nicht, auch ich persönlich nicht, sondern unsere Lehrer sind es, von denen wir sie gelernt haben. Und wissen Sie, wer die Lehrer sind? Das sind unsere Patienten. Das sind die, die das gelebt haben, die das gelitten haben. Ich habe die

Ehre gehabt, ein Vierteljahrhundert hindurch der Vorstand einer neurologischen Spitalsabteilung zu sein. Ich kenne die jungen Burschen, die vor einer Woche noch Skifahren waren, die vor einer Woche noch auf ihren Motorrädern dahingebraust sind, auf ihren »heißen Eisen«, und die dann durch einen Unfall querschnittsgelähmt sind. Ich kenne die Mädchen, die eine Woche vorher noch in der Disco getanzt haben, und dann haben sie eine Myelitis oder einen Rückenmarkstumor und werden zunehmend gelähmt und sind bettlägerig bis an ihr Lebensende. Und wie die ein solches Schicksal gestalten und meistern – ich könnte Ihnen stundenlang darüber erzählen. Von denen haben wir das gelernt, was wir jetzt einfach weiterzugeben versuchen.

Das ist Heroismus, werden Sie jetzt sagen, und wie kann man Heroismus verlangen? Niemand kann Heroismus verlangen oder gar fordern von jemand anderem außer von sich selbst. Aber was wir sehr wohl tun können, ist verweisen auf diese Beispiele, auf diese Vorbilder, die uns zeigen, wie sich das tragen lässt. Und jetzt lassen Sie mich nur ein einziges dieser Beispiele nominieren und Ihnen vor Augen führen: Da schickt mir jemand vor wenigen Jahren einen Zeitungsartikel mit Illustrationen. Dieser junge Mann, Jerry Long ist sein Name, hatte ein Buch von mir gelesen – »Man's Search for Meaning«, und er möchte mir Folgendes mitteilen.

Mit 17 Jahren hat er beim Tauchen einen Unfall gehabt und sich das Genick gebrochen. Seither liegt er zu Hause, vom Kopf ab gelähmt, vollkommen gelähmt. Er kann nur den Kopf bewegen. Er kann Maschine schreiben mit einem Holzstäbchen zwischen den Zahnreihen. Er kann durch eine bestimmte Bewegung, die noch möglich ist, durch ein Zucken mit der linken Achsel, ein Telekommunikationssystem in Aktion setzen, das ihn mit der Universität in Texas verbindet, die ein paar Meilen entfernt ist, die er aber zunächst nicht besuchen konnte. Er nimmt an Seminaren teil, auch aktiv, hält Referate, gibt Prüfungsarbeiten ab und studiert Psychologie. Denn, wie er mir schreibt – mit dem Stäbchen zwischen den Zahnreihen –, er kann nur bestätigen, was ich in meinem Buch über die Sinnmöglichkeiten, sogar noch im Leiden, behaupte, und er möchte anderen Menschen helfen: Deshalb studiert er Psychologie, und er ist überzeugt, dass das ganze Leiden, das er mitmacht, letzten Endes dazu dienen wird, aus ihm einen besseren Counselor, einen besseren psychologischen Berater zu machen.

Und in einem weiteren Brief schreibt er wörtlich: »I view my life as abundant with meaning and purpose.« – Mein Leben schäumt über von Sinn … – Das schreibt jemand, der ein hübsches Jungengesicht hat – er ist jetzt 24 Jahre alt – und von da ab nur aus einem Skelett besteht, das an dem Kopf hängt. Der Mann hat 30 Kilo oder so – unglaublich, etwas Derartiges habe ich in meinem ganzen Leben, in meiner jahrzehntelangen Praxis nicht gesehen … Und er sprüht vor Geist!

Ich habe Jerry Long vor einem Jahr persönlich kennengelernt, als er an der Universität Regensburg im Rahmen des Dritten Weltkongresses für Logotherapie ein Referat über sein Leben hielt. Er gab seinem Vortrag den Titel »Die Trotzmacht des Geistes« – das ist ein Begriff, den ich geprägt habe, aber den ich selten verwende, weil er so pathetisch klingt –, aber das ist die Realität! Er demonstriert, er lebt die Trotzmacht des Geistes.

Und im letzten Brief, den er mir geschrieben hat, erzählt er, dass er schon mit dem Counseling begonnen hat. An verschiedenen Spitälern in Texas berät er bereits schwer kranke oder sterbende Menschen. Und am Schluss, da sagt er sehr stolz, dass er ausgesprochene Erfolge hat. Und dann kommt der letzte Satz des Briefes, da ist er nicht stolz, sondern demütig, indem er schreibt: »Accomplishments are not to be rested upon, but built upon.« – Aber Leistungen sind nichts, worauf man sich ausruhen dürfte, sondern etwas, auf dem man aufbauen und weiterbauen muss.

Das ist Jerry Long.

Meine Damen und Herren, Sie werden jetzt fragen: Ja, also mit einem Wort, Herr Frankl, Sie stellen sich vor, dass das Leiden einen Sinn hat und dass man eigentlich einen Sinn nicht erfüllen kann im Leben, wenn man nicht leidet. Keine Spur – das habe ich nie behauptet! Das wäre Masochismus. Heroismus würde nur dann gegeben sein, wenn das Leiden unabdingbar notwendig ist. Solange ich die Ursache eines Leidens beseitigen kann, muss ich es tun. Ist es ein Karzinom, das noch operabel ist, dann muss es operiert werden. Ist es ein psychologischer Prozess, eine Psychose, eine Neurose, dann muss sie mit gezielter Medikation behandelt werden oder mit Psychotherapie, wo das möglich und notwendig ist.

Und wenn es ein soziologisch bedingter Leidenszustand ist, eine politische Misere, dann müssen wir zu einer politischen Aktion in irgendeiner erlaubten Form greifen. Auf jeden Fall, solange es geht und sobald es wieder geht, müssen wir die Ursache eines Leidenszustands beseitigen.

Was ich also behaupte, ist nicht, dass Leiden notwendig ist, um einen Sinn zu finden und zu erfüllen, sondern was ich behaupte, ist einzig und allein, dass Sinnerfüllung auch dort möglich ist, wo wir mit einem Leidenszustand konfrontiert sind – allerdings eben nur dann, wenn dieser Leidenszustand nicht anderweitig, nicht aktiv behoben werden kann. Mit anderen Worten, die *Priorität* geht zur Änderung der Situation, zum aktiven Eingreifen; aber wo das nicht möglich ist, geht die *Superiorität*, also die ethische Überlegenheit innerhalb der Werthierarchie, über zu der Möglichkeit eines Menschen, auch noch trotz des Leidens, ja gerade im Leiden eine Sinnmöglichkeit zu sehen und zu erfüllen. Das Leben ist potenziell sinnvoll, *in extremis* und *in ultimis*, in äußersten Leidenszuständen, in desolaten Zuständen und zuletzt noch bis vor den Tod.

Bevor ich Ihnen ein konkretes Beispiel dazu sage, möchte ich noch betonen, dass das nicht Dinge sind, die man erfindet oder die einmal in einem Einzelfall zu finden sind. Das sind Dinge, die testmäßig exakt empirisch nachgewiesen wurden – zum Beispiel, dass die Fähigkeit, Sinn zu erfassen, Sinnmöglichkeiten wahrzunehmen, kurz vor dem Tod und in chronischen schweren Leidenszuständen höher ist als beim durchschnittlichen Menschen. Also die Fähigkeit, zu bemerken: Halt, hier könnte etwas geschehen, hier könnte ich irgendwie, und sei es auch nur durch meine Haltung, beweisen, wessen ich fähig bin, wessen der Mensch überhaupt fähig ist – diese Fähigkeit nimmt sogar zu. Die Sensibilität für solche Möglichkeiten nimmt im Alter, nimmt in schweren Leidenszuständen und im Besonderen vor dem Tode, dessen Herannahen man sich dann bewusst ist, noch zu.

Ich möchte Ihnen das am Beispiel eines Briefes, den ich vor Jahrzehnten einmal bekommen habe, erläutern: Der Brief einer Buchhalterin, die mir kurz vor ihrem Tod an einer schweren Tuberkulose schreibt: Wann war mein Leben reicher? Damals, als ich als Buchhalterin furchtbar nützlich war und vor lauter Pflichten nicht mehr zu mir selbst kam? Oder in diesen letzten Jahren geistiger Auseinandersetzung mit tausenderlei Problemen? Noch das Ringen um die Überwindung der Todesangst, die mich gepeinigt, gehetzt, gejagt hat, in unvorstellbarem Ausmaß, noch dieses Ringen scheint mir wertvoller gewesen zu sein als ein ganzes Dutzend noch so schöner Bilanzen.

Das ist die wahre Werthierarchie.

Und vielleicht darf ich Ihnen aus einem auf Tonband aufgenommenen Dialog vorlesen von einer Patientin, die, ich glaube, 81 Jahre alt war, ein metastasiertes Karzinom hatte und wusste, dass sie in Kürze würde sterben müssen. Das folgende Gespräch hat im Vorlesungssaal in der Wiener Poliklinik stattgefunden:

Frankl: Was halten Sie von Ihrem langen Leben heute, wenn Sie darauf zurückblicken? War das ein schönes Leben?

Patientin: Ach Herr Professor, ich muss wirklich sagen, es war ein gutes Leben. Das Leben war wirklich schön, und ich muss dem Herrgott danken für all das, was er mir geschenkt hat: Ich bin ins Theater gekommen, ich habe Konzerte gehört und so fort. Wissen Sie, die Familie, in deren Haus in Prag ich Jahrzehnte hindurch als Stubenmädchen gedient hatte, die hat mich manchmal in Konzerte mitgenommen. Und sehen Sie, für all das Schöne muss ich nun dankbar sein!

Auf der Tonbandaufzeichnung geht es nun weiter:

Frankl: Sie sprechen da von so schönen Erlebnissen. Aber das wird doch nun alles aufhören, nicht wahr?

Patientin (nachdenklich): Ja, ja, das wird dann alles aufhören.

Frankl: Wie ist das nun, erklären Sie mir das. Glauben Sie, dass damit all die schönen Dinge, die Sie erlebt haben, aus der Welt geschafft sind, dass sie vernichtet sind?

Patientin (immer nachdenklicher): Diese schönen Dinge, die ich erlebt habe …

Frankl: Sagen Sie mir, kann irgendjemand das Glück ungeschehen machen, das Sie, wie Sie sagen, erlebt haben? Kann jemand das auslöschen?

Patientin: Sie haben recht, Herr Professor. Niemand kann das ungeschehen machen.

Frankl: Oder kann jemand die Güte auslöschen, der Sie im Leben begegnet sind?

Patientin (aufmerksamer): Nein, niemand!

Frankl: Und auch das kann niemand auslöschen, was Sie erreicht und errungen haben.

Patientin: Sie haben recht, das kann niemand aus der Welt schaffen.

Frankl: Oder kann jemand aus der Welt schaffen, was Sie tapfer und mutig durchgestanden haben? Kann jemand all das aus der Vergangenheit herausschaffen, aus der Vergangenheit, in die Sie das alles hineingerettet haben, hineingeerntet und aufbewahrt haben?

Jetzt ist die Patientin zu Tränen gerührt und sagt: »Nein, das kann niemand. Niemand.« Nach einer Weile sagt sie: »Sicher, ich habe viel zu leiden gehabt. Aber ich habe auch versucht, die Schläge einzustecken, die das Leben mir versetzt hat. Verstehen Sie, Herr Professor? Ich glaube, dass das Leiden eine Strafe ist. Ich glaube nämlich an Gott.«

Frankl: Aber kann das Leiden denn nicht auch eine Prüfung sein? Kann es nicht auch sein, dass Gott hat sehen wollen, wie Sie das Leiden tragen? Und zum Schluss hat er vielleicht zugeben müssen: Ja, sie hat es tapfer getragen. – Und nun sagen Sie mir, was glauben Sie, kann jemand solche Leistungen ungeschehen machen?

Patientin: Nein, das kann niemand.

Frankl: Das bleibt doch, nicht wahr?

Patientin: Bestimmt, das bleibt!

Frankl: Und sehen Sie, Sie haben nicht nur allerhand geleistet in Ihrem Leben, sondern auch aus Ihrem Leben und auch aus Ihrem Leiden das Beste gemacht, und Sie sind in dieser Hinsicht für unsere Patienten auf der Abteilung ein Vorbild geworden. Ich gratuliere Ihren Mitpatienten, dass sie sich Sie zum Beispiel nehmen können.«

Und in dem Augenblick geschieht etwas, das sich noch in keiner Vorlesung bei mir ereignet hatte. Alle Studenten, es sind fast 200, brechen ganz spontan in einen Applaus aus. – »Sehen Sie, dieser Applaus gilt Ihnen, er gilt Ihrem Leben, das eine einzige große Leistung war. Sie können stolz sein auf dieses Leben. Und wie wenige Menschen gibt es, die wirklich stolz sein können auf ihr Leben? Ich kann nur sagen, Ihr Leben ist ein Denkmal – ein Denkmal, das kein Mensch aus der Welt schaffen kann.«

Langsam geht die alte Frau aus dem Hörsaal hinaus. Eine Woche später stirbt sie. Sie stirbt wie Hiob – satt an Jahren. Aber während der letzten Lebenswoche war sie überhaupt nicht mehr deprimiert. Im Gegenteil, sie war stolz. Anscheinend hat das Gespräch ihr zu zeigen vermocht, dass auch ihr Leben bis zuletzt einen Sinn hatte. Vorher war die alte Frau bedrückt, von der Sorge bedrückt, dass sie nur ein nutzloses Leben geführt habe.

Ihre letzten Worte aber, wie sie in der Krankengeschichte wörtlich von der Zimmerärztin eingetragen stehen, lauten folgendermaßen: »Mein Leben ist ein Denkmal, hat der Professor gesagt, vor allen Studenten im großen Hörsaal. Mein Leben war also nicht umsonst.«

Das sind keine Dinge, die man erfindet. Das sind Dinge, wo man sich nur in Ehrfurcht beugen kann vor solchen Menschen und dem, was sie leben.

Und jetzt steht da noch eine letzte Frage: Wie ist denn das zum Beispiel, wenn jemand anderer stirbt und die Vergänglichkeit eines anderen, eines mitmenschlichen Daseins auf dem Spiel steht und zur Debatte steht? Nun, ein sehr berühmter Urologe in Amerika, der in Montreal einen Weltkongress über Psychologie in den letzten Lebensphasen, also bei Sterbenden, geleitet hat, hat einmal geschrieben: »The end of life is always a time of unparalleled potential for personal and interpersonal growth for the patient and his family.« – Das Ende des Lebens ist immer eine Zeit unvergleichlicher Möglichkeiten für persönliches und zwischenmenschliches Wachsen aufseiten des Patienten und seiner Familie. Und das ist richtig. Sie können auch unter dem Leid, ja *an* dem Leid, das Ihnen zugefügt wird von einem geliebten Menschen, der da stirbt oder schon gestorben ist, innerlich noch wachsen.

Die folgende Geschichte aus einem meiner Bücher mag das belegen. Und immer wieder kommen Menschen zu mir, die mir sagen, wie sehr ihnen diese Erzählung geholfen hatte, als sie sich selbst in einer ähnlichen Situation fanden. Das ist die Geschichte von dem alten Mediziner, diesem alten praktischen Arzt, der zu mir kam, weil er über den Tod seiner Frau, die er über alles geliebt hatte, nicht hinwegkommen konnte. Und dann sagte er: »Ich weiß, Sie können mir auch nicht helfen. Etwas verschreiben, einen Tranquilizer – das kann ich selbst. Ich wollte einmal mit Ihnen sprechen.«

Was hätte ich ihm sagen sollen? Ich habe ihn einfach gefragt: »Sagen Sie, was wäre geschehen, wenn nicht Ihre Frau, sondern wenn Sie zuerst gestorben wären?« Und er sagte: »Furchtbar wäre es für meine Frau gewesen, wie die Arme gelitten hätte!« – Und da ist mir nur übrig geblieben zu sagen: »Sehen Sie, Herr Kollege, dieses Leiden ist Ihrer Frau erspart geblieben. Aber Sie werden zugeben, dass Sie es sind, der es ihr erspart, indem Sie es auf sich nehmen müssen.«

In dem Augenblick war eine kopernikanische Wendung da. Der Mann hat in seinem Leiden, in seiner Trauer auf einmal den Sinn eines Opfers gesehen, das er seiner Frau schuldig war. Lieber wollte er sie überleben und ihr nachtrauern als umgekehrt.

Sehen Sie, das ist paradigmatisch, das ist eine reine Improvisation, ein sokratischer Dialog, wenn Sie so wollen.

Aber andere können das auch. Vor mir liegt ein Bericht von Dr. Elisabeth Lukas. Das ist eine Logotherapeutin, die in München ein großes Beratungszentrum leitet und die in einem Vortrag und dann in einem Buch[2] Folgendes schreibt:

Ein Schweizer Ehepaar kam extra zu mir nach München gefahren. Sie waren bereits bei sechs Schweizer Psychiatern gewesen – ohne Erfolg. Das Ehepaar hatte vor einem Jahr den einzigen Sohn und Hoferben durch einen Autounfall verloren. Und seitdem war der Mann in völlige Passivität versunken, ließ den Hof verkommen, sprach mit niemandem und äußerte nur gelegentlich, dass sowieso alles keinen Sinn mehr habe und er sich am liebsten eine Kugel in den Kopf jagen würde.

Der Mann saß nun mit unbeweglicher Miene teilnahmslos bei mir am Tisch, schreibt Frau Doktor Lukas. Sie wusste, es gab nichts, das ihn erreichen würde, außer einem. Und deshalb fragte sie ihn: »Sagen Sie, wenn Sie noch etwas für Ihren Sohn tun könnten, wären Sie dazu bereit?« Der Mann blickte auf und nickte. »Ich würde alles für ihn tun.« – »Es gibt etwas«, fuhr Frau Dr. Lukas fort, »das niemand anderer für ihn tun kann als Sie.

Sehen Sie, bisher ist dem Tod Ihres Sohnes nur Unglück entsprungen. Sie sind krank vor Schmerz, der Hof ist verwahrlost, Ihre Frau ist verzweifelt. Alles Gute, das Ihr Sohn im Leben schaffen wollte, ist durch seinen Tod gestoppt worden. Es sei denn, auch seinem Tod würde noch etwas Gutes entspringen. Etwas, das sein Leben und Sterben rückwirkend sinnvoll macht. Aber er ist darauf angewiesen, dass ein anderer dieses Gute für ihn fortführt – sein Vater zum Beispiel.«

Die Augen des Mannes wurden feucht, schreibt Frau Dr. Lukas. »Wie kann Gutes aus seinem Tod entspringen?«, flüsterte er. Aber darauf musste er selbst die Antwort finden. Frau Dr. Lukas konnte ihm nur die Richtung weisen, und sie sagte: »Angenommen, Sie würden Ihr Land wieder zum Blühen bringen und Ihr Haus für Wanderer und Bedürftige öffnen. Jedem, der verwundert fragt, woher Sie Ihre Barmherzigkeit nehmen, könnten Sie entgegnen: Aus dem Andenken an meinen Sohn. Er ist jung von uns gegangen, doch ich möchte, dass viele Menschen mit Freude und Dankbarkeit seiner gedenken.«

Bei diesen Worten von Frau Doktor Lukas beugte der Mann den Kopf in seine Hände und weinte eine halbe Stunde lang bitterlich, zum ersten Mal seit einem Jahr. Dann stand er auf und half seiner Frau in den Mantel. »Lass uns nach Hause fahren«, sagte er zu ihr. »Wir haben viel versäumt.«

Der Mann war dem Leben zurückgegeben. Das ist die Geschichte einer logotherapeutischen Beratung, einer einmaligen Sitzung, eines einmaligen Gesprächs zwischen Frau Dr. Elisabeth Lukas und diesem Mann.

Um jetzt wiederum auf die Vergänglichkeit zurückzukommen: Vielleicht sagen Sie nun, wir leben in einer Gesellschaft, in der der *Nutzwert* gefragt ist, nicht der Sinn des Lebens, nicht der *Wert* des Lebens. Ich habe zu zeigen versucht, dass der Sinn des Lebens der Möglichkeit nach ein bedingungsloser ist – bis zum letzten Atemzug. Ich möchte nun zeigen, dass der Wert des Menschen auch ein ebenso bedingungsloser ist. Das geht ganz parallel. Bedingungslos insofern, als er nicht abhängig ist von dem Nutzwert, den jemand haben mag oder nicht mehr haben mag, sondern da ist die Würde, dieser bedingungslose Wert einer menschlichen Person, eines menschlichen Wesens. Diese Würde ruht ja nicht auf der gegenwärtigen Nutzbarkeit im sozialen Sinn, im funktionalen Sinn, sondern sie ruht auf den vergangenen Werten, die er geschaffen, die er in die Welt gesetzt, die er verwirklicht hat. Und diese Würde bleibt ihm bis zum letzten Atemzug, die ist unzerstörbar, die kann man nicht mehr aus der Welt schaffen. Natürlich: Heute versteht man das schwer in einer Gesellschaft, die leistungsorientiert ist, einer Gesellschaft, die demgemäß auch jugendvergötzend ist, da ist das schwer zu fassen. Solche Menschen neigen dazu, einem alten Menschen, der funktionsunfähig ist, keinen Nutzwert mehr haben mag, mit Verachtung zu begegnen – was natürlich ungeheure psychohygienische Gefahren hat! Denn stellen Sie sich vor, dass ein solcher Mensch, wenn er Glück hat, selber einmal alt wird: Ja, dann liegt er ja am Boden, ist am Boden zerstört vom Minderwertigkeitsgefühl, weil er sich sagt, ich tauge zu nichts mehr, wie soll also mein Leben noch sinnvoll sein? Der ist eminent selbstmordgefährdet, weil er dann auch die Selbstachtung verliert.

Aber in Wirklichkeit ist es ja so, dass diese Menschen es nur ihrer Inkonsequenz, ihrer persönlichen Inkonsequenz zu danken haben, wenn sie nicht plädieren für Euthanasiemaßnahmen im striktesten Hitler'schen Sinne. Denn in diesem Sinne müssten alle Senilen, alle Debilen, alle Dementen und womöglich auch noch alle Sterilen aus der Welt geschafft werden, weil sie lebensunwertes Leben nach dieser Wertehierarchie wären. Und, meine Damen und Herren, ich verstehe mich auf Euthanasie! Ich habe für genügend lange Zeit den Kopf persönlich in die Schlinge gesteckt, um die Euthanasie von Herrn Hitler zu sabotieren, gemeinsam mit Professor Otto Pötzl, dem seinerzeitigen NS-Parteianwärter, der mit mir da gemeinsame Sache gemacht hat. Ihm und mir ist es gelungen, in Hunderten Fällen die Euthanasie zu sabotieren. Aber Menschen, die so denken, die keine Würde als absoluten, bedingungslosen Menschenwert anerkennen, sondern nur Nutzwert, Nutzwert für eine Gesellschaft, die eben vergötzend dasteht, diese Menschen sind gefährdet, nicht nur in ihrer Zukunft, wenn sie selber alt werden, sondern auch in der Gegenwart, weil sie eigentlich eintreten müssten für Euthanasie.

Nicht einmal Mitleid braucht der alte Mensch. Beneiden müsste eigentlich ein junger Mensch einen alten Menschen! Warum? Aus einem einfachen Grund: Der Junge wird sagen, er hat Möglichkeiten in der Zukunft – ja, danke schön, wird der Alte indessen sagen, ich habe nicht Möglichkeiten, aber Wirklichkeiten, und die nicht in einer fragwürdigen Zukunft, sondern in einer gelebten Vergangenheit. Und die kann mir niemand mehr rauben.

Und damit kehren wir an den Ausgangspunkt zurück: Ein alter Mensch, der so denkt, weiß, worauf es ankommt. Er weiß, dass der Sinn des Lebens der Möglichkeit nach ein bedingungsloser ist und der Wert des Menschen ebenso der Möglichkeit nach ein bedingungsloser ist. Ein solcher Mensch gleicht einem Mann, der vor einem Wandkalender steht. Und da gibt es Menschen, die jeden Tag ein Blatt abreißen und wehmütig zuschauen, wie der Kalender immer dünner und dünner wird, von Tag zu Tag, mit jedem Tag: Das Leben verrinnt.

Und der andere, den ich im Sinne habe, der gleicht einem anderen Typus von Menschen, der jeden Tag ein Kalenderblatt vom Wandkalender abreißt, es umdreht und sich auf der Rückseite Notizen macht, tagebuchmäßige Notizen – was er getan hat an dem Tag, was er erlebt hat, was er geschaffen hat an dem Tag, was er tapfer durchgelitten haben mag an dem Tag. Und stolz legt er diese Notizen beiseite, genauso wie ein alter Mann – wie *ich* es jetzt tue und Ihnen für Ihre Aufmerksamkeit Dank sage.

Anmerkungen

Sinnkrise und Zeitgeist

1. »Über kollektive Neurosen« wurde erstmals abgedruckt in: *Wiener Medizinische Wochenschrift*, Sonderabdruck aus 105. Jahrgang, 1955, Nr. 38/39 (S. 772–776). Mit freundlicher Genehmigung des Viktor Frankl-Archivs.
2. V. E. Frankl: Homo patiens. Wien 1950, S. 45.
3. J. Hirschmann: Arch. f. Psychiatr. usw. 1952, 189, 1952.
4. H. Kranz: Fortschr. der Neur., Psych. usw. 1955, 23, 58.
5. A. v. Orelli: Schweiz. Arch. Neur. 1954, 73, 1954.
6. J. Hirschmann: Arch. f. Psychiatr. usw. 1952, 189, 1952.
7. H. Schulte: Gesundheit und Wohlfahrt. Jg. 1952, S. 78.
8. E. Menninger-Lerchenthal: Das europäische Selbstmordproblem. Wien 1947, S. 37.
9. H. R. Farmer: Wort und Wahrheit. 1954, 9, 929.
10. Vergleiche Leo Tolstoi (L. Tolstoi: Krieg und Frieden. VIII. Teil, 1. Kapitel): »Pierre hatte jetzt nicht wie früher Zeiten der Verzweiflung, der Schwermut und des Ekels vor dem Leben: Aber diese Krankheit, die sich früher in scharfen Anfällen bekundet hatte, war nur nach innen verdrängt und wich keine Sekunde von ihm. ›Wozu? Warum? Was geht in der Welt vor?‹, fragte er sich verständnislos mehrmals im Laufe jedes Tages, wenn er unwillkürlich über den Sinn des Lebens nachdachte (Wille zum Sinn!): Aber da er aus Erfahrung wusste, dass es auf seine Fragen keine Antwort gab (existenzielle Frustration!), so suchte er eilig von ihnen loszukommen … Es war eine zu schreckliche Empfindung, unter dem steten Druck dieser ungelösten Lebensfragen zu stehen, und so ergab er sich den ersten besten Vergnügungen, nur um jene Fragen

zu vergessen ... Und es wollte ihm scheinen, alle Menschen suchten sich vor den schweren Fragen des Lebens zu retten, der eine durch Ehrgeiz (Geltungsstreben!), ein anderer durch Kartenspiel, ein anderer durch Abfassen von Gesetzen, ein anderer durch Weiber (Lustprinzip!), ein anderer durch Spielereien, ein anderer durch Pferde, ein anderer durch die Jagd, ein anderer durch den Wein, ein anderer durch Amtstätigkeit.

11. P. Polak: Psychotherapie und Wissenschaft. Verein f. Individualpsychologie. Wien 1947.
12. J. Bodamer: Zeitwende. 1952, 24, 21.
13. P. Polak: Psychotherapie und Wissenschaft. Verein f. Individualpsychologie. Wien 1947.
14. Aufbau, New York, 25. Dez. 1953, Seite 19.
15. E. A. Gutheil: Aktive Psychoanalyse, in: Handbuch der Neurosenlehre und Psychotherapie. Herausgegeben von V. E. Frankl, V. E. v. Gebsattel und J. H. Schultz München 1959, S. 159–170.
16. G. R. Forrer: The Psychiatric Quarterly. 1954, 28, 126.
17. W. G. Eliasberg: Schweizer Archiv für Neurologie und Psychiatrie. 1948, 62, 113.
18. H. Schulte: Gesundheit und Wohlfahrt. 1952, 73.

Wege der Sinnfindung

1. »Man Alive – Viktor Frankl«, Interview, Canadian Broadcasting Corporation, 1977. Erstmals abgeduckt in: *The International Journal of Logotherapie and Existential Analysis*, Band 6, Nummer 1, Frühjahr/ Sommer 1998. Wir danken der CBC für die Erlaubnis, diesen Text hier abzudrucken.

Freiheit und Verantwortung

1. »Die Existenzanalyse und die Probleme der Zeit«, Vortrag gehalten am 28. Dezember 1946 am französisch-österreichischen Hochschultreffen in St. Christoph am Arlberg. Abgedruckt mit freundlicher Genehmigung von Hogrefe Verlag.
2. Wir vergessen also keineswegs den sozialen Faktor. Nicht einmal in Bezug auf die Entstehung von Neurosen übersehen wir die soziale Komponente. Der Psychotherapeut als solcher kann jedoch nicht

Revolution machen – was er beeinflussen kann, ist vielmehr nur die Einstellung des Kranken zu seinem sozialen Schicksal; eine Umstellung wird den Patienten aber gewiss nicht nur in seinem persönlichen Leben, sondern auch in seiner politischen Haltung aktivieren. [Anm. i. Orig.]

3. [...] Vielfach behalten die Funde von Freud ihre Gültigkeit. So wird etwa seine Traumlehre nach wie vor in Geltung bleiben; allerdings: Nicht ich träume, sondern »es« träumt mir – und innerhalb der Dynamik des Es gilt nach wie vor die psychoanalytische Theorie. Im Übrigen wäre zu bemerken, dass der therapeutische Effekt in der Psychotherapie, ja überhaupt innerhalb der Psychiatrie, die Richtigkeit der theoretischen Voraussetzungen noch lange nicht beweist. Gewiss ist die Psychoanalyse wirksam, wahrscheinlich aber deshalb, weil sie schließlich doch einen stillschweigenden Appell an das freie und verantwortliche Ich, das auch sie voraussetzt, enthält. Auch die Insulinschockbehandlung der Schizophrenie ist von unhaltbaren theoretischen Voraussetzungen ausgegangen und hat sich trotzdem als wirksam erwiesen. [Anm. i. Orig.]
4. Es wäre wichtig, die Beziehung zwischen den religiösen und den nicht religiösen Menschen durch das Hervorkehren des zusätzlichen (statt gegensätzlichen) Verhältnisses zu erleichtern. In den praktischen Konsequenzen muss es einen gemeinsamen Nenner und eine gemeinsame Plattform geben; im Raum der Immanenz können sich Religiöse und Nicht-Religiöse so zu gemeinsamem Tun zusammenfinden. [Anm. i. Orig.]
5. Nicht mehr gebräuchliche seinerzeitige medizinische Bezeichnung für einen Patienten mit stark verminderten kognitiven Fähigkeiten.

Sinn und Verantwortung angesichts der Vergänglichkeit

1. »Bewältigung der Vergänglichkeit«, Vortrag Dornbirn 23. Oktober 1984. Transkribiert und redigiert von Franz Vesely, April 2022. Mit freundlicher Genehmigung des Viktor Frankl-Archivs.
2. Elisabeth Lukas, *Psychologische Seelsorge. Logotherapie – die Wende zu einer menschenwürdigen Psychologie*, Verlag Herder, Freiburg/Br., 2 Auflagen 1985–1988, Neuausgabe: 2 Auflagen 1993–1996. Völlig

überarbeitete Neuauflage unter dem Titel *Rendezvous mit dem Leben. Ermutigungen für die Zukunft*, Verlag Kösel, München, 3 Auflagen 2000–2006. Wiederauflage unter demselben Titel bei der Verlagsgemeinschaft topos plus, Kevelaer, 2 Auflagen 2015–2016.

Über Viktor E. Frankl

Viktor E. Frankl war Professor für Neurologie und Psychiatrie an der Universität Wien und 25 Jahre lang Vorstand der Wiener Neurologischen Poliklinik. Die von ihm begründete »Logotherapie/Existenzanalyse« wird auch als »Dritte Wiener Richtung der Psychotherapie« bezeichnet. Er hatte Gastprofessuren an der Harvard University sowie an den Universitäten Stanford, Dallas und Pittsburgh inne und war Distinguished Professor of Logotherapy an der U.S. International University in San Diego, Kalifornien.

Frankl wurde 1905 in Wien geboren. An der Universität Wien erwarb er das Doktorat der Medizin, später auch das philosophische Doktorat. Während des Zweiten Weltkriegs verbrachte er drei Jahre in Auschwitz, Dachau und anderen Konzentrationslagern. Vier Jahrzehnte hindurch machte er unzählige Vortragsreisen in alle Welt. Er erhielt insgesamt 29 Ehrendoktorate von Universitäten in Europa, Nord- und Südamerika, Asien und Afrika. Zahlreiche Auszeichnungen wurden ihm verliehen, darunter der Oskar Pfister Award der American Psychiatric Association und die Ehrenmitgliedschaft in der Österreichischen Akademie der Wissenschaften.

Frankls 39 Bücher sind in über 50 Sprachen erschienen. Die englische Fassung von … *trotzdem Ja zum Leben sagen* erzielt Millionenauflagen und wurde in die Liste der »zehn einflussreichsten Bücher in Amerika« aufgenommen. Viktor E. Frankl starb 1997 in Wien.

Weitere Werke von Viktor E. Frankl

Eine vollständige Liste aller Bücher Viktor E. Frankls sowie eine umfassende Bibliografie über Logotherapie/Existenzanalyse finden Sie auf der Webseite des Viktor Frankl-Instituts: www.viktorfrankl.org

Ärztliche Seelsorge. Grundlagen der Logotherapie und Existenzanalyse. Deuticke Zsolnay, Wien / dtv, München 2005–2007 / 2011 (dtv)

Bergerlebnis und Sinnerfahrung. Tyrolia, Innsbruck – Wien 2013

Das Leiden am sinnlosen Leben. Psychotherapie für heute. Herder/Kreuz, Freiburg i. Br. 2015

Dem Leben Antwort geben. Autobiografie. (Was nicht in meinen Büchern steht. Lebenserinnerungen) Beltz, Weinheim 2017

Der leidende Mensch. Anthropologische Grundlagen der Psychotherapie. Hans Huber, Bern/Serie Piper 1975–2005

Der Mensch vor der Frage nach dem Sinn. Eine Auswahl aus dem Gesamtwerk. Serie Piper 289, München 1979–2019

Der unbewusste Gott. Psychotherapie und Religion. Deutscher Taschenbuch Verlag (dtv 35058), München 1992–2018

Der Wille zum Sinn. Ausgewählte Vorträge über Logotherapie. Hogrefe, Bern 2016

Die Psychotherapie in der Praxis. Eine kasuistische Einführung für Ärzte. Serie Piper 475, München 1986–2002

Es kommt der Tag, da bist du frei. Unveröffentlichte Texte und Reden. Kösel-Verlag, München 2015

Gesammelte Werke 1: … trotzdem Ja zum Leben sagen/Ausgewählte Briefe 1945–1949. Böhlau, Wien 2005

Gesammelte Werke 2: Psychologie des Konzentrationslagers/Synchronisation in Birkenwald/Ausgewählte Texte 1945–1993. Böhlau, Wien 2006

Gesammelte Werke 3: Die Psychotherapie in der Praxis/Und ausgewählte Texte über angewandte Psychotherapie. Böhlau, Wien 2008

Gesammelte Werke 4: Grundlagen der Logotherapie und Existenzanalyse. Böhlau, Wien 2011

Gesammelte Werke 5: Psychotherapie, Psychiatrie und Religion. Böhlau, Wien 2018

Gottsuche und Sinnfrage. Gütersloh 2005–2014

Psychotherapie für den Alltag. Rundfunkvorträge über Seelenheilkunde. (Psychotherapie für jedermann.) Kreuz Verlag, Freiburg i. Br. 2015

Theorie und Therapie der Neurosen. Einführung in Logotherapie und Existenzanalyse. Uni-Taschenbücher 457, Ernst Reinhardt, München/Basel 1967–2007

... trotzdem Ja zum Leben sagen. Ein Psychologe erlebt das Konzentrationslager. Kösel-Verlag, München 9. Aufl. 2005/Taschenbuch: Penguin 2018

Über den Sinn des Lebens. Beltz, Weinheim 2019

Wer ein Warum zu leben hat. Lebenssinn und Resilienz (Logotherapie und Existenzanalyse). Beltz, Weinheim 2019

Zeiten der Entscheidung: Ermutigungen. Benevento, Elsbethen 2022

Viktor Frankl-Institut

Leitung: Univ.-Prof. Dr. Alexander Batthyány

Das Viktor Frankl-Institut wurde 1992 von einem internationalen Kollegen- und Freundeskreis in Wien unter dem Beisitz Viktor Frankls als wissenschaftliche Gesellschaft gegründet. Aufgabe des Viktor Frankl-Instituts (VFI) ist die Pflege des Lebenswerks Viktor Frankls und die Förderung und Verbreitung der Logotherapie und Existenzanalyse als psychiatrische, psychologische und philosophische Forschungsrichtung und als angewandte Psychotherapie sowie die Qualitätssicherung der Psychotherapie- und Beraterausbildung in Logotherapie und Existenzanalyse. Das Viktor Frankl-Institut Wien ist zudem auch die Akkreditierungsinstitution für Ausbildungen in klassischer Logotherapie und Existenzanalyse nach Frankl.

Eine internationale Liste der über 150 akkreditierten Institutionen und nationalen Verbände, die Ausbildungen in Logotherapie und Existenzanalyse anbieten, kann auf der Website des VFI eingesehen werden.

Das Institut hat exklusiven Zugang zum Viktor-Frankl-Privatarchiv und beherbergt die weltweit größte Sammlung von Texten und Forschungsarbeiten zu Logotherapie und Existenzanalyse.

In Kooperation mit der Stadt Wien wurde 1999 der Viktor Frankl-Fonds der Stadt Wien gegründet. Im Sinne seiner Zielsetzung vergab der Fonds in den Jahren 2000 bis 2018 jährlich Preise und Stipendien zur Auszeichnung hervorragender Leistungen und zur Förderung von Forschungsprojekten auf dem Gebiet einer sinnorientierten humanistischen Psychotherapie. Zusätzlich verlieh der Fonds einen jährlichen Ehrenpreis als Anerkennung und Würdigung des Lebenswerks herausragender Persönlichkeiten. Ehrenpreisträger waren unter anderem Heinz von Foerster, Paul Watzlawick, Kardinal Franz König, Dame Cicely Saunders, Kardinal Óscar Andrés Rodríguez Maradiaga, Eric Richard Kandel.

Das Institut betreut den weltweit ersten staatlich akkreditierten Doktoratsstudiengang für Logotherapie am Viktor-Frankl-Lehrstuhl für Philosophie und Psychologie an der Internationalen Akademie für Philosophie (Universität im Fürstentum Liechtenstein). In Zusammenarbeit mit dem 2012 gegründeten Department für Logotherapie und Existenzanalyse am Universitätsinstitut für Psychoanalyse in Moskau bietet es ein Master-Programm und Psychotherapieausbildung in Logotherapie an.

Über die Aktivitäten der Logotherapie-Institute in aller Welt kann man sich auf der Homepage des Viktor Frankl-

Instituts in Wien informieren. Dort findet sich neben Mitteilungen aus der logotherapeutischen Forschung und Praxis auch die umfassendste Bibliografie der logotherapeutischen Primär- und Sekundärliteratur.

Kontakt und weitere Informationen unter:
www.viktorfrankl.org

Dank

Der Verlag dankt Herrn Prof. Dr. Franz Vesely, Leiter des Viktor Frankl-Archivs, für die freundliche Zusammenarbeit in der Editierung der Texte Viktor E. Frankls. Einen herzlichen Dank auch an Prof. Dr. Tobias Esch für das Vorwort.